KB036414

지중해
|
블루

Blue

지중해
블루

Blue

모로코

알제리

튀니지

그루 지음

인문공간

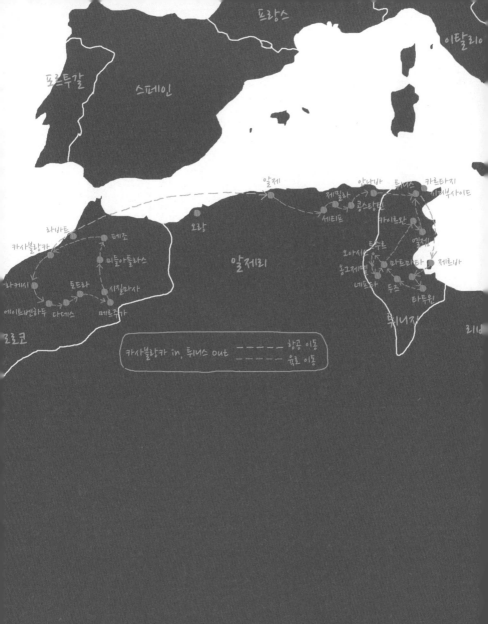

프랑스

이탈리아

포르투갈

스페인

라바트
페즈
카사블랑카
미들아틀라스
오랑
알제
제밀라
안나바
튀니스
카르타지
시디부사이드
세티프
콩스탕틴
카이루완
알제리
투부르
마트마타
제르바
라케시
토드라
시젯마라사
메르주가
에이트벤하두
다데스
모아시스
퉁그레민
두즈
네트타
타투윈
튀니지
리비아
모로코

카사블랑카 in, 튀니스 out ------ 항공 이동
                         ------ 육로 이동

서문

나는 늘 낯선 도시를 욕망한다.
내가 감당하지 못할 만큼의 위대한 풍경을 갈망한다.

20년쯤 살고 있는 우리 동네 아파트 상가에는 '페트라'가 있었다. 분위기 없는 상가의 건물일 뿐이지만 슈퍼 페트라가 있는 1층은 축대 위 1층의 아래층이므로 지하의 느낌이 나는 1층이다. 돌을 파고 들어간 고대 유적인 페트라 느낌을 굳이 찾으면 그림이 그려진다. 요르단에 있는 나바테아 왕국의 수도였던 페트라Petra를 나와 주인만 알고 있는 것처럼 슈퍼 이름을 되뇔 때마다 그냥 즐거웠다. 언젠가는 주인에게 왜 이런 이름을 지었는지 물어보리라 생각하면서 수년이 지나갔다. 그러다가 3년 전, 주인과 슈퍼의 이름이 바뀌었다. '대흥'이라고 커다랗게 쓰여 있는 간판을 보고 느낀 상실감과 서운함은 생각보다 쉽게 지나가지 않았다. 1년쯤 후 제주도로 귀향했던 슈퍼 주인이 보내온 귤 한 상자를 받아 들고 통화할 기회가 생겼다. 돌아온 대답은 교회 목사님이 지어 주셨단다. 차라리 물어보지 말 걸, 적어도 페트라를 다녀왔거나, 가고 싶은 곳이라는 대답을 듣고 싶었나 보다. 내가 아직 가지 못한 곳, 손에 닿지 않는 먼 곳에 대한 동경은 전화 통화 한 번으로 산산이 부서지고 말았다.

한자로 여행旅行이란 나그네가 되어 떠나는 것이다. 이렇게 정확한 표현이 있을까. 요르단으로 나그네가 되어 떠나고 싶어 20여 년 동안 페트라 슈퍼를 드나들 때마다 꿈을 꾸었던 것이다.

한동안 학교에서 근무한 적이 있다. 남을 가르친다는 것은 별로 즐거운 일은 아니지만 내가 가장 가깝게 지켜본 직업으로 선택의 여지가 많지 않았다. 하루하루 즐겁게 소비하는 나날들이 이어졌으나 시간이 흐를수록 공간을 자유롭게 맴돌거나 날아다니는 새의 날갯죽지를 부러워하는 시간이 잦아졌다. 가끔은 헤어 나올 수 없는 고독에 휩싸일 때가 있었다. 그래서 도무지 새벽빛이 찾아들 것 같지 않은 밤을 보낸 적이 많아졌다. 아이가 성장하고 이해를 구할 수 있는 나이가 되자, 아니 다시 생각해 보면 억지로 이해를 구한 것이었다. 방학이 되면 캐리어와 카메라 하나 둘러메고 떠나는 삶이 시작되었다. 처음 여행을 떠났던 런던이라는 낯선 도시는 나를 구속하고 있던 모든 것을 벗어놓고 다닐 수 있는 것을 허락하는 것 같았다. 처음으로 오롯이 홀로 된 날, 이른 아침부터 정신없이 쏘다녔다. 세월이 흘러 웨스트민스터 사원도, 내셔널 갤러리와 테이트 갤러리의 수많은 작품은 까맣게

잊었지만, 맥도널드에서 만난 엄청난 크기의 햄버거와 오후를 만끽하기도 전에 오후 4시에 내 발을 묶어두었던 런던의 긴 밤을 잊지 못한다.

여행의 횟수가 거듭될수록 캐리어는 점점 작아지고 여행 루트도 설렁설렁 다닐 수 있을 만큼 간소해졌다. 이제는 습관처럼 낯선 도시를 마주하면 내가 존재하고 있음을 느낀다. 낯선 사람과 풍경은 나를 가둬 둔 나 자신에게서 나를 해방시켜 주는 열쇠가 되었다. 수천 년을 거슬러 올라온 문명은 나의 고단한 뇌를 일깨워주었으며 벅차오르는 위대한 풍경 앞에서는 감당할 수 없어 숨을 쉴 수 없는 지경이 되기도 하였다.

내게 여행은 때론 향기와 색깔로 기억되곤 한다. 이란의 이스파한에 갔을 때의 일이다. 도시 옆에 우뚝 솟아있는 소페산을 오른 적이 있다. 정상에 올랐다가 케이블카로 산의 중턱에 내려오니 올라갈 때는 몰랐는데 꽃향기가 공기 중에 부유한다. 우아하면서도 매혹적인 향기의 진원지를 찾아 한참을 찾다가 발견했다. 작은 백합처럼 길쭉하면서 하얗고 노란 꽃들이 담쟁이처럼 뒤엉켜 자라고 있었다. 사진을 찍어와 서울에 와서 알아보니 인동덩굴이다. 이란을 다녀와서 얼마 되지 않은 6월의 어느 날 안양천 산책길에서 인동덩굴을 발견했다. 이스파한에서 맡은 향기를 찾아낸 것이다. 꽃은 작지만 분명히 인동덩굴이었다. 해마다 6월이면 산책길에서 이스파한 소페산의 인동덩굴을 떠올린다. 이스파한을 떠올릴 때면 고혹적인 향기를 지닌 인동꽃 향기를 잊지 못한다.

꽃향기뿐인가, 빵 굽는 냄새는 꽃향기보다 더 감미롭고 강렬하다. 러시아 이르쿠츠크에서의 일이다. 아침에 나와서 앙가라* 강변 주변을 서너 시간은 걸었나 보다. 배는 고프고 다리는 묵직해졌다. 그때 코끝을 스치는 향기로운, 피자향까지 더해진 구수함은 나를 흔들었다. 누가 먼저랄 것도 없이 둘이서 향기를 향해 힘을 내어 걸었다. 얼마나 먼지, 향기의 진원지를 찾았을 때는 먹을 힘도 없을 만큼 기진맥진해 버렸다. 간신히 찾아 들어간 간이식당에서 먹은 따끈한 삼사**는 잊을 수가 없다. 빵 굽는 냄새의 기억으로 삼사와 앙가라 강이 생각나고 이르쿠츠크가 딸려오는 격이다.

이 책은 인문 여행기다. 내가 바라보고 느낀 그 땅의 색깔과 사람의 이야기를 풀어냈다. 살짝 무겁지만 읽어두면 북아프리카 땅이 조금은 이해가 되는 그 정도 수준의 이야기다. 이 책을 읽는 이에게 자신의 내재된 욕망을 실천하는 용기를 줄 수 있다면 글을 쓴 보람을 찾을 수 있겠다.

• Angara 강 : 바이칼호에서 흘러나와 이르쿠츠크 시내를 흐른다.
•• 삼각형 모양이다. 러시아인들이 즐겨 먹는 빵

차례

2 기억과 진실 알제리 Algeria

맑고 순결하며 때로는 장엄한
아름다운 색채의 변주를 경험할 수 있는 땅, 북아프리카

북아프리카를 특정할 수 있는 색은 붉은색과 푸른빛, 그리고 녹색
이다.

사막과 인접한 북아프리카의 도시들은 대부분 오아시스를 둘러싸
고 생겨났다. 오아시스에는 생육이 왕성한 종려나무들이 숲을 이루
고 있다. 주민들이 사는 카스바와 야자나무의 대비는 눈을 황홀하게
만들어준다. 붉은색과 녹색은 보색으로 이보다 더 강력하고 화려한
대비는 없기 때문이다. 배경으로 구름 한 점 없는 푸른 하늘은 말해
무엇하랴. 튀니지의 마트마타와 타투인처럼 척박한 땅의 풍경도 마
찬가지였다. 깊고 청명한 하늘의 파랑은 황무지마저 보석처럼 빛나
게 만들어준다. 톤다운된 붉은색과 주황색은 보는 이에게 안정감을

준다. 여기에 더해 선명한 색깔의 전통 복장을 한 마을 주민이 서성여 준다면 금상첨화다. 이 마을에 어느 날 소나기가 한바탕 쏟아져 준다면 이보다 더 아름다운 대비는 있을 수 없다.

사하라를 한번 떠올려 보자. 사하라는 다른 사막보다 조금 더 붉다. 주황색이 아니라 주홍색으로 보였으며 때로는 인디안 핑크색으로까지 보였다. 오염 없는 쨍한 파랑색 하늘빛과 붉은 사하라는 그야말로 완전한 대비의 합이다. 이처럼 완벽한 시각적 조합은 사람들을 사막으로 끌어들이는 원인 중 하나이다. 푸른색으로 몸을 감싼 낙타몰이꾼이 단봉낙타를 몰고 지나간다면 생동감까지 완벽한 하나의 창조물이 나온다. 이것들은 온전히 이 땅의 자연이 주는 산물이다. 사람들은 자신들이 가장 좋아하는 색깔로 그릇과 타일을 만들고 그들의 집을 장식하였다.

하늘과 바다처럼 세상을 감싸고 있는 블루는 많은 사람들이 가장 좋아하는 색깔 중 하나이다. 모로코 사람들은 코발트 블루보다 조금 더 깊은 느낌의 페즈블루를 만들어 그들의 그릇에 담아냈다. 여기에 보라색을 한 방울 떨어뜨려 만든 마조렐블루는 얼마나 강렬하며 산뜻한가. 튀니지에서는 사람이 드나드는 대문과 바람이 드나드는 창문에 조금 더 밝고 산뜻한 푸른 빛을 드리웠다. 그리고 그곳에 둥근 못을 박아 머나먼 조상의 역사를 새겨넣었다. 튀니스 근교에 있는 시디부사이드의 주택을 장식한 흰색과 파란색의 대비는 각각의 색의 성질을 더욱 극대화시켜 색이 홀로 있을 때보다 더욱 산뜻하고 선명해 보인다. 우리는 이들의 푸른 빛을 튀니지안 블루라고 부른다. 이모든 블루는 결코 창의적인 색깔이 아니다. 그들을 둘러싼 다채로운 색깔의 하늘과 바다를 모방한 푸른 빛의 하나일 뿐이다. 이처럼 북아프리카 지중해 해안에서는 지중해의 푸른 빛을 닮은 마을을 심심치 않게 만날 수 있다.

서쪽의 땅 마그레브 Maghreb

미리 알고 가면 더 바랄 것이 없는 것이 역사지만 복잡한 역사는 그 여행을 재미있거나 반대로 질리게 할 수도 있다. 그러나 북아프리카에서는 이들의 역사를 몰라도 좋다. 이곳이 허락해주는 색채의 향연에 참가하면 될 뿐이다. 이 땅만큼 맑고 순결하며 때로는 장엄한 아름다운 색채의 변주를 경험할 수 있는 땅이 또 있을까.

그래도 여행은 사람을 만나러 가는 길이다. 그 땅에 살고 있는 그들 조상들의 이야기를 알고 나면 그들의 얼굴이 더욱 친숙하게 다가온다. 때로는 그것이 매개체가 되어 대화를 나눌 수도 있다. 따라서 더욱 흥미로운 여행의 세계에 들어가고 싶다면 낯설지만, 이들의 이야기를 알아보기를 권한다.

지중해 남쪽의 북아프리카는 19세기와 20세기에 활동한, 서가의 한편을 장식했던 문학전집 속의 작가들인 앙드레 지드*, 알베르 카뮈, 생텍쥐페리**, 모파상*** 등 많은 작가와 파울 클레 등의 예술가들에게 영감을 주었던 땅이었다. 공기와 태양이 좋은 남의 땅에 와서 헐값에 즐기고 남긴 것이라고 빈정거리고 싶지만, 이들이 이뤄낸 예술적 성과와 정의에 바탕을 둔 신념을 버리지 않은 이들까지 모두 빈정거리는 것은 질시에 가깝다. 이들의 대부분은 프랑스가 모로코, 알제리, 튀니지를 통치했던 시기에 나고 자라 활동했다. 이들 중 앙드레 지드는 죽을 때까지 프랑스 식민 통치를 반대한 지식인이었다.

이들은 자신들을 리비아, 모리타니아와 함께 동쪽의 아랍 이슬람 지역의 '서쪽의 땅'이란 뜻의 마그레브라고 부른다. 특히 모로코, 알제리, 튀니지는 많은 부분 역사를 공유하며 12~13세기 베르베르 왕조인 알모하드 왕조(1121~1269)에서는 한 나라가 되었다. 이슬람과 베르베르족, 베르베르어로 상징되는 북아프리카의 정신적, 문화적 근간의 뿌리가 확립되는 시기였다.

• Andre Gide(1869~1951) 《오스카 와일드》, 《좁은 문》, 《지상의 양식》 등의 작품이 있다.
•• Saint-Exupéry(1900~1944) 《어린 왕자》, 《남방 우편기》, 《야간비행》 등의 작품이 있다.
••• Guy de Maupassant(1850~1893) 프랑스 소설가로 《어느 인생》, 《목걸이》 등의 작품이 있다.

기원전 2000년경부터 거주한 베르베르인들의 땅에 기원전 12세기경 시돈과 티레, 시리아 지역에 근거를 둔 페니키아 상인들은 지중해를 둘러싼 북아프리카 해안가에 도시를 건설했다. 최초로 갤리선 무역을 한 페니키아인들에게 부강한 나라 이집트는 가장 큰 고객이었다. 이들의 거래처가 많아지고 시간이 흘러 북아프리카의 아름다운 마을은 페니키아인들의 무역기지 및 식민도시가 되었다. 이 도시들은 카르타고(기원전 814~기원전 146)를 중심으로 제국으로 이어지는 발판이 되었다. 긴 세월 페니키아인과 베르베르족은 융합하면서 살아갔다. 현재 튀니지 민족주의자들과 다수의 국민들은 페니키아를 베르베르족을 잇는 자신들의 조상으로 여기고 있다.

기원전 3세기 로마와 카르카고는 사사건건 부딪치며 전면전을 피할 수 없었다. 백 년 이상 이어진 고대 세계전쟁으로 기록되는 포에니전쟁(기원전 264~기원전 146)은 카르타고의 완패로 끝났다. 이후 로마의 식민지로 전락한 북아프리카는 점차 로마의 중요한 속주가 되었다. 기원전 146년부터 시작된 로마의 통치는 430년경 반달족의 침입으로 끝이 났지만, 외부의 통치는 비잔틴 제국으로 이어졌다. 7세기에 동쪽에서 밀물처럼 들어온 이슬람 문명은 현재까지 이들과 떼어 놓을 수 없는 강한 문화적 지문으로 남아 있다. 19세기에 알제리와 튀니지는 프랑스, 모로코는 프랑스와 스페인의 지배를 받았다. 특히 알제리는 132년이라는 혹독하고 아픈 식민 지배 시간을 보냈으며 세 나라 모두 20세기 중반에야 독립할 수 있었다. 아프지 않은 역사가 어디

있을까. 그래도 시간을 거슬러 축적된 문화는 융합된 형태로 남아 지금도 살아 움직인다.

아름다운 붉은 빛의 고장인 모로코와, 튀니지안 블루의 튀니지는 어느 정도 객관적인 시선을 유지하면서 즐겁게 글을 쓸 수 있었다. 하지만 알제리에 관한 글을 쓸 때는 동병상련의 마음인가, 이성보다는 감정이 앞서는 문장이 손끝에서 내달렸다. 몇 번을 고쳤는지 모른다. 약 3주의 여행 기간에 모로코나 튀니지보다 알제리에서는 많은 시간을 보내지 못했다. 여행의 동선은 그들이 정해준 대로만 움직여야 했기 때문이다. 처음에는 그것도 감지덕지했지만 여행을 다녀온 후 제일 아쉬웠다. 나를 알제리로 처음 인도해 준 것은 알베르 카뮈였지만 알제리를 들여다볼 수 있는 창窓도 알베르 카뮈를 통해서였다.

사하라는 인류에게 준 자연의 선물이다. 오아시스는 사하라가 만든 낙원의 모습에 다름 아니다. 모로코, 알제리, 튀니지는 지구상에서 가장 사이가 좋은 나라이다. 이들 3개국의 끝없는 이야기가 넘치는 지중해와 붉은빛과 푸른 빛, 녹색의 향연을 만날 수 있는 땅으로 독자들을 초대한다.

2023년 4월 서울에서

1

아틀라스의 기둥

모로코

Morocco

라바트　페즈
아조른숲　미들아틀라스
카사블랑카
마라케시　하이아틀라스 산맥　토드라
에이트벤하두　다데스　시젤마사
안티아틀라스　메르주가

마라케시,
주황빛의 도시

1월의 오후, 카사블랑카에서 마라케시로 가는 길, 검은흙의 평원과 둔덕을 뒤덮은 둥근 선인장들은 햇빛을 받아 반짝인다. 왕성한 생육은 과하여 나른한 듯 뒤틀린 자태다. 이 땅에 태어난 포만감이다. 버스로 약 3시간 30분을 달려오니 짙은 야자나무숲과 주황색 점토로 만든 사각형 집들이 하나 둘, 보이기 시작한다. 흙으로 만든 벽돌집은 누구에게나 친숙하다. 인류에게 가장 오래된 재료인 흙은 물이나 불만 있어도 주거지를 만들 수 있는 건축 재료였다. 따뜻한 주황색(짚 섞은 벽돌을 뜻하는 아도비, adobe) 도시 풍경은 마라케시의 이미지다.

마라케시는 1070년 베르베르 왕조인 알모라비드Almoravid(1050~1147) 왕조 때 수도로 건설되었다. 이베리아 반도의 안달루시아˚ 지역 대부

마라케시, 주황빛의 도시

마라케시 왕궁의 담

분과 알제리까지 영역을 넓힌 알모라비드 왕조는 베르베르왕조 황금기의 시작이다. 1147년 무력으로 뒤를 이은 알모하드(1121~1269) 왕조의 압달무민(재위 1133~1163)은 마라케시를 자신의 수도로 삼았으며 1154년 경 안달루시아와 사하라 북부, 모로코와 알제리, 튀니지까지 아우르는 명실공히 마그레브에서 처음으로 정치적 통일을 이루었다. 알모하드 왕조는 당시 이슬람 세계에서 가장 강력한 국가였다. 3대 야쿱 알만수르의 통치시기는 마그레브(Maghreb, 서방 뜻의 아랍어)**의 황금시대로 간주된다. 마라케시와 페즈, 라바트, 세비야 등 모로코와 안달루시아 도시 곳곳에서 알모하드 왕조의 흔적들을 만날 수 있다. 16세기에는 아랍계 사디(1510~1659) 왕조의 수도였으며 시내에는 이 시대의 건축물들이 많이 남아있다.

날이 좋은 날에는

쿠투비아 모스크 Kutubiyya Mosque

자마엘프나 광장과 길을 사이에 두고 있는 쿠투비아 모스크의 이름인 Kutubiyya는 서점을 의미하는 아랍어에서 나왔다. 마라케시는 한

• Andalucia 711년 이베리아 반도를 침공한 이슬람 세력이 당시 스페인 땅을 통치하고 있던 반달족의 이름을 따 알 안달루스라고 불렀다. 현재 안달루시아 지역은 스페인 남부를 말한다.

•• Maghreb 아랍어로 동쪽 이슬람 세계의 '서쪽'이라는 뜻이다. 모로코와 알제리, 튀니지를 뜻하며 넓게는 리비아, 모리타니까지도 포함한다.

자마엘프나 광장의 밤

때 마그레브의 학문을 견인하는 중추적 역할을 했던 곳이다. 자마엘프나 광장 근처의 수크와 사원 부근에는 책을 판매하는 곳이 100여 군데가 넘었다고 한다. 도시의 어디에서도 보이는 미나렛은 마라케시의 랜드마크다. 모스크의 내부에는 17개의 예배당이 있으며 동시에 2만 5천 명을 수용할 수 있다. 놀라운 규모이지만 비무슬림은 내부에 들어갈 수 없다. 하지만 모스크 북쪽으로 남아있는 모스크와 같은 크기의 유적은 관심을 갖기에 충분하다.

알모라비드 왕조 때 처음 건축된 쿠투비아 모스크는 알모하드 왕조(1121~1269)의 압달 무민Abd al-Mu'min에 의해 부서지고, 다시 건축(1147~1158)되었다. 설계가 동일한 모스크를 같은 건축자재를 사용하여 방향만 바꿔 다시 지은 것이다. 키블라와 미흐랍의 방향이 다르다는 것이 이유였다.

키블라qibla는 사우디 아라비아에 있는 메카의 카바 신전 방향을 말한다. 카바 신전은 이슬람교의 중심이다. 키블라는 매일 5번의 예배

쿠투비아 모스크의 전과 현재의 모스크

출처 en.wikipedia.org

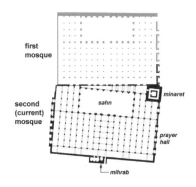

쿠투비아 모스크와 전 왕조 때의 모스크 유적지

이란 이스파한, 세이크 로트폴라 사원의 키블라와 미흐랍

의식을 올릴 때뿐 아니라 시체를 매장할 때도 키블라 방향을 보고 의식을 거행한다. 미흐랍mihrab은 키블라 벽에 있는 움푹 들어간 기도 벽감이다. 모스크의 북쪽 외벽에는 알모라비드 왕조 시대에 세웠던 모스크의 유적이 있으며 벽에는 미흐랍의 흔적이 그대로 남아있다.

쿠투비아 모스크의 미나렛°은 77m의 높이로 1153년 술탄 압달 무민에 의해 착공하여 야쿱 알만수르Yaqub al-Mansur(재위 1184~1199)의 통치시기인 1195년 완공되었다. 비슷한 시기에 건립한 라바트에 있는 44m의 하산 탑(원래의 설계는 86m)과 스페인 세비야의 히랄다탑도 쿠투비아 모스크의 미나렛이 모델이다. 알모하드 왕조의 3대 통치자인 야

• Minaret 이슬람교 사원에 설치하는 탑이다. 처음에는 멀리서도 잘 보일 수 있도록 높게 만들어 신자들을 사원으로 불러들일 목적으로 세웠다.

세비야 골든탑/알모하드 시대 건축   세비야 히랄다탑/알모하드 시대

쿱 알만수르는 1170년 이베리아의 알 안달루스를 정복했다. 발렌시아와 카탈루냐는 황폐화되었으며 세비야는 백 년 동안 이베리아 알모하드 왕조의 수도가 되었다. 라바트에 있는 하산탑은 이 전쟁에서 승리한 기념으로 당시 이슬람에서 최대 높이의 미나렛을 세울 계획이었다. 하지만 야쿱 알만수르는 착공 4년째 되는 1199년 사망한다.

라바트에 있는 고색창연한 44미터의 사각기둥 모양의 하산탑을 처음 봤을 때는 이슬람 유적이 아닌 줄 알았다. 기원전이거나 고대에 만들어진 모뉴먼트로 보였다.

마치 이란 쉬라즈 근교의 벌판에 홀로 서 있던 키루스*의 무덤을 보는 것처럼 경외감마저 느꼈던 탑이다. 멀리서 보면 간결함과 비례가

• Cyrus II(재위 기원전 559~기원전 530) 페르시아 아케메네스 제국의 창건자

미완성으로 남은 라바트의 하산탑

코르도바 Calahorra Tower
알모하드 시대 건축

아름답다. 다가갈수록 웅장함과 세련된 패턴이 눈에 들어오는 탑은 내가 본 모스크의 탑 중에서 가장 좋아하는 탑이다. 야쿱 알만수르가 오래 살아서 원래의 설계 높이인 86미터로 만들었다면 내게는 그저 그런 쿠투비아 탑만큼의 멋진 탑에 불과했을 것이다.

메나라 가든 Menara Garden

메나라 가든은 마라케시의 서쪽에 넓게 자리 잡고 있다. 과수원이 양쪽에 펼쳐진 넓은 길을 따라 들어가면서 보이는 피라미드처럼 생긴 녹색의 지붕이 경쾌하다. 가든의 이름은 녹색의 작은 지붕menzeh에서 나왔다. 넓은 공간에 최소한의 건축물을 들여놓은 가든은 1130년 알모하드 왕조의 압달 무민이 만들었다. 16세기 사디 왕조 때 건축한 날씬하게 올라간 2층으로 된 파빌리언은 농원과 제법 잘 어울린다. 당시에 지어진 일반주택을 추측할 수 있는 내부에 남아있는 채색화들

메나라 가든 가는길

메나라 가든

주택내부의 장식문양

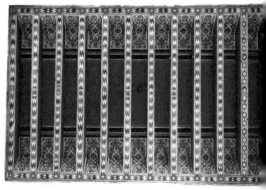

천장의 채색 문양

은 소유주의 과하지 않은 수준 높은 안목이 느껴진다. 파빌리언 앞에 만들어진 인공호수는 아틀라스 산맥에서 내려온 물을 가둔 곳으로, 저수지에 비친 별궁은 또 하나의 그림이다. 날이 좋은 날에는 아틀라스산맥이 보인다고 한다. 아틀라스와 어우러진 별궁의 반영은 얼마나 아름다울까. 19세기의 술탄 압달라만Abd al-Rahman(재위 1822~1859)은 파빌리언을 수리하고, 여름에 이곳에 와서 종종 머물렀다. 누구든지 소박한 농원에서 유유자적한 생활을 하고 싶은 것은 술탄이나 마리 앙투아네트나 현대를 살아가는 소시민이거나 비슷한 것은 마찬가지인가 보다. 섬세하고 화려한 손재주가 극치를 이룬 이슬람 왕궁의 무카르나스˙와 아라베스크˙˙에 흥미를 잃어갈 때쯤, 메나라 가든은 머리를 식혀줄 최적의 장소다.

호수는 가든과 과수원에 물을 대기 위한 농사에 필요한 저수지 역할을 했던 곳으로 물은 마라케시에서 약 30킬로미터 밖, 아틀라스 산에서부터 카나트qanat를 이용해 공급한다고 한다. 카나트란 페르시아에서 만들어져 중앙아시아를 비롯하여 전 아랍세계로 퍼져나간 수준 높은 오래된 지하 관개시스템이다.

* Muqarnas 무카르나스는 이란의 건축에서 주로 돔을 지지하는 천장을 장식하는 데 사용했던 장식기법이었다. 현란함과 애매모호함을 추구하는 이슬람 건축은 무카르나스에서 절정에 달한다. 종유석 또는 벌집 모양의 형태를 닮았다.

** Arabesque 식물과 기하학적 문양의 반복된 패턴은 그리스와 로마의 영향을 받았다. 하지만 이슬람의 아라베스크 문양은 반복하고 교차하면서 형태를 파괴하는 추상적인 형태로 발전했다.

마조렐 블루

마조렐 가든

예전에 마라케시를 방문했을 때 못 봤던 곳이어서 아침에 눈을 뜨자마자 택시를 타고 달려왔다. 나만큼 마음이 바쁜 사람들인지 입장시간이 되기 전인데도 벌써 서너 명이 정원 입구에서 기다리고 서 있다.

가든의 이름이 된 자크 마조렐Jacques Majorelle(1886~1962)은 1917년경 심장질환 때문에 요양차 방문한 모로코의 색과 햇살에 매료되어 마라케시에 정착하였다. 1919년 결혼했을 당시에는 자마엘프나 광장 부근에 살았다고 한다. 1923년 땅을 사들인 마조렐은 울창한 가든을 만들기 시작했으며 가든은 점점 넓어졌다. 1937년경에는 모로코 남쪽 지방에서 많이 사용하는 푸른색 타일에서 영향을 받아 개발한 그만의 파란색으로 집과 담장을 칠해 나갔으며 점차 가든에 광범위하게 사용되었다. 가든에는 물이 흐르는 수로를 놓아 이슬람식 분수를 만들고 선인장과 야자나무가 우거진, 모로코의 하늘을 닮은 푸른 가든을 만들었다.

마조렐가든을 상징하는 마조렐 블루Majorelle Blue는 Ultramarine(군청)과 Iris(남보라 색에 가까운)의 중간색에 가까운 색으로 블루에 보라색을 띠고 있다. 명도가 그리 높지 않음에도 강렬하면서도 산뜻하며, 차갑지 않은 Blue로 보인다. 자크 마조렐은 소박한 모로코 사람들과 시장,

마조렐 가든

카스바 등을 즐겨 그린 화가였지만 그의 그림은 사람들의 입에 자주 오르내리지 않는다.

대신 40년 동안 정성을 기울여 만든 세상에 하나뿐인 가든으로 인해 그만의 색깔 Majorelle Blue를 색상리스트에 올렸다.

'Majorelle Blue is a clear, intense, fresh shade of blue.'

이브 생 로랑

1947년부터 일반에게 공개되기 시작한 아름다운 가든을 자주 찾았던 이브 생 로랑Yves Saint Laurent(1936~2008)과 그의 연인 피에르 베르제Pierre Berge는 1962년 프랑스에서 교통사고 후유증으로 죽은 마조렐의 가든이 호텔로 팔린다는 소문을 듣고 1980년 정원을 구입했다.

알제리 오랑에서 프랑스인 부모에게서 태어난 그는 17세에 디자이너 일을 배우기 위해 파리로 이주했다. 그는 당시 이미 패션계의 거장인 크리스티안 디올에게서 지도를 받으며 성장했다. 너무나도 이 정원을 사랑한 이브 생 로랑의 바람이었는지, 2008년 죽은 후 그를 태운 재는 마조렐 가든 곳곳에 뿌려졌다.

모든 여성은 로랑에게 얼마간의 빚을 지고 살고 있다고 해도 과언이 아니다. YSL(이브 생 로랑)은 여성의 몸을 조이지 않는 편하면서도 아름다운 옷을 디자인했다. 남자의 정장처럼 여성에게도 최초의 바지 정장을 입혔으며 흑인 모델을 패션쇼에 세우기도 하였다. 그는 여성을 권위와 보수에 억눌린 옷차림에서 해방시켜 준 디자이너였다. YSL

자크 마조렐, 이브 생 로랑이 살던 집

이브 생 로랑의 묘비

이 은퇴한 뒤 Gucci 그룹은 그의 브랜드를 사들였으며 "드레스는 삶의 방식이다."라고 말한 그의 생각을 담은 옷은 지금도 생산되고 있다. 2002년에 은퇴를 했으니 가든은 그의 마지막 삶과 같이 했던 곳으로, 뮤지엄 안에는 아담한 이브 생 로랑의 갤러리가 있다. 이국적인 색채와 문화, 전통의상 등에 관심이 많았던 생 로랑의 뮤지엄에는 모로코의 전통 의상 및 텍스타일과 세라믹 그리고 장신구 등이 있으며 화가 자크 마조렐의 작품도 감상할 수 있다. 20세기 표현주의 미술의 세례를 받은 로랑의 포스터 작품들은 그의 생애를 관통했던 사랑에 대한 표현으로 가득하다. 미술이란 실로 온전한 내면의 표현임에 틀림없다.

세월을 품은 메디나

메나라 가든에서 멀리 일직선상으로 바라보면 쿠투비아 모스크의 미나렛이 보인다. 마음 같아서는 걸어갈 수 있을 것 같은 마음이 앞서지만 쿠투비아 미나렛의 높이는 약 77m에 달한다. 그냥 가까워 보일 뿐이다. 걸어갈까, 하는 마음을 단념하고 메나라 가든에서 택시를 타고 메디나로 가자고 했더니 메디나에 있는 여러 개의 문중에 메디나의 남쪽, 왕궁의 정문으로 사용된 아그노Bab Agnaou 문 앞에 내려준다. 알모하드 왕조의 야쿱 알만수르가 통치하던 1188년경 만들어진 시간의 때가 묻은 격조 있는 대형 아치의 문이 아름답다. 야쿱 알만수르

Bab Agnaou

만의 중후하면서도 과하지 않은 현대적인 감각은 라바트*에 있는 하산탑을 비롯하여 그가 건조했던 여러 건축물에서 나타난다. 세월을 품고 있는 풍채는 모로코를 함축해서 말해주는 듯하다.

마라케시 메디나에는 어떤 왕조보다도 사디Saadi 왕조의 유적들이 많이 남아있다. 사디 왕조(1510~1659)는 드라 강이 있는 계곡에서 발원한 왕조로 아랍계 혈통의 왕조이다. 모로코에서 드라 계곡은 전통적으로 매우 중요한 지역이어서, 이곳을 거점으로 역사적으로 중요한 전투가 있었으며 알모라비드와 알모하드, 그리고 사디왕조와 17세기의 알라위Alaouites왕조가 발흥했던 지역이다.

• Rabat 모로코의 수도

아그노 문을 들어서니 어디서 왔는지 삼삼오오 여행자들이 갑자기 많아진다. 아그노 문에서 시계 반대방향으로 올라가면서 카스바 모스크, 사디안 능, 바디 팰리스, 바히아 팰리스, 다르 시사이드, 마라케시 박물관, 밴 유세프 마드라사 순으로 이어져 있다. 많은 여행자들이 이곳에서 메디나 여행을 시작한다.

사디안 영묘 Saadian Mausoleum

카스바 모스크 옆 골목길에 있는 사디안 영묘는 16세기 사디왕조 왕가의 영묘이다. 사디안 능은 비교적 최근(1917년)에 발굴되었으며 지금도 계속 복원하고 있다. 그중에서도 아흐마드 알만수르Ahmad al-Mansur(재위 1578~1603)의 묘실은 과하지 않으면서 정교한 모자이크와 천장을 가볍게 떠받치는 듯한 경쾌하게 균형 잡힌 대리석 기둥이 차분하다. 특히 영묘 내의 나무조각 장식은 매우 아름답다.

모로코와 이베리아의 안달루시아 지역은 마그레브의 다른 지역에 비해 나무가 풍부하다. 그래서인지 감히 신의 경지가 아닐까 생각될 정도로 뛰어난 목공예 솜씨를 발휘한 장식이 많다. 일반적으로 스투코 기법*으로 할 수 있는 곳을 나무를 이용해 현란한 조각 솜씨를 발휘했다.

* stucco 골재나 분말을 물에 섞어 벽돌이나 목조 건축물의 벽면을 장식하는 마감 재료.

아흐마드 알만수르의 영묘

사디안 영묘 내의 나무조각 장식

영묘를 돌아보는 동안 내내 스페인 그라나다에 있는 알람브라 궁전의 모습이 지워지질 않는다. 스페인 그라나다의 알람브라 궁전(1238~1358)은 이베리아 반도 최후의 이슬람 국가였던 나스리드 Nasrid 왕조의 궁이다. 1232년 건국하여 1492년 기독교 연합군에게 그라나다가 함락되면서 항복하기 전까지 23명의 군주가 통치하던 왕조였다. 이 왕조를 끝으로 711(또는 718년)년에 시작된 이슬람교도들의 이베리아 반도 통치는 1492년 막을 내린다. 이베리아 반도의 국토회복운동이 거셌던 15세기에서 16세기 초 무렵에는 스페인에 거주하던 많은 무슬림과 유대인들이 모로코로 이주한다.

이들은 스페인의 예술과 행정 및 학문, 관리를 담당하는 지도자 역할을 했던 사람들이었다. 이주하는 사람을 따라서 문화의 큰 물결이 모로코로 흘러 들어왔다. 사디 왕조(1510~1659)를 포함한 이후의 모로코는 풍부한 인적자원으로 학문과 예술이 빛을 발했다. 그러므로 이후에 나타나는 건축물에서 알람브라 궁전의 모습이 나타나는 것은 당연하다.

바디 팰리스 El Badi Palace

바디 팰리스는 16세기 사디 왕조의 가장 유명한 술탄인 아흐마드 알만수르(재위 1578~1603)의 궁이다. 그는 16세기 사디 왕조의 7번째 통치자이며 당시 유럽과 아프리카에서 가장 중요한 인물이었다. 아흐마드 알만수르는 사디 왕조를 연 아버지 모하메드 술탄이 살해된

El Badi Palace

뒤 권력투쟁이 한창인 모로코를 떠나 오스만과 알제리에서 17년간 피신해 있었다. 그는 오스만에 있는 동안 광범위한 교육을 받았으며 그의 수준 높은 학문과 안목은 알만수르의 치세에 사디 왕조의 부흥으로 나타났다. 그는 학문과 예술 및 문화에 전반적으로 관심을 기울였던 애호가였으며, 전략적으로도 탁월했던 인물이다. 포르투갈 탐사대를 섬멸한 뒤 잠시 예전의 황금루트를 다시 열었던 통치자였다.

입구에 들어서기가 무섭게 견고한 성채는 보는 이를 압도한다. 알람브라 궁에서 영감을 받아 지었다는 바디 팰리스는 궁전을 보는 것이 아니라 성채의 골격을 본다는 것이 맞다. 전체적인 구조는 아바스 시대의 건축물을 떠올리게 할 정도로 간결한 장방형의 대칭구조이고, 다정하고 사랑스러운 구조의 알람브라의 느낌은 어디에도 없으며 오히려 폐허에 가까운 구조물임에도 위압감이 풍긴다. 바닥에는 일부 모자이크만 남아있다. 오래된 흙 담의 뼈대만이 남아있는 성이지만 아직도 힘이 넘쳐 보이며 장엄한 위엄은 결코 덜하지 않다.

중앙의 기하학적인 구조를 가진 정원은 물을 중심으로 모로코 전통의 정원 양식에서 흔히 나타나는 오렌지 정원이 위치한다. 오렌지 정원은 스페인의 정원에도 나타나는 동일한 문화이다. 알만수르왕이 거닐었을 그때도 있었을까, 성벽에는 몸집도 커다란, 하지만 우아한 황새들이 대대로 마을을 이루고 살고 있는 것 같다. 화려한 궁의 모습이 아닌, 속살이 다 드러난 궁전의 폐허는 넋을 놓고 한참을 머물게 한다.

바디 팰리스에서 그나마 당시의 모습이 조금이라도 남아있는 곳은

El Badi Palace의 내부 바닥 모자이크

El Badi Palace의 오렌지 정원

El Badi Palace

El Badi Palace의 테라스

궁을 오른쪽으로 한 바퀴 돌고 나오면 만나는 입구의 왼쪽에 있는 테라스이다. 리듬감이 넘치는 테라스는 알 만수르의 궁전에 살아있는 역동감을 선사한다.

Bahia Palace와 Dar Si Said

Bahia Palace는 1894년에 짓기 시작하여 6년 만에 준공한 집으로 지금도 한쪽에는 왕족이 살고 있다. 160개의 방이 있는 19세기 당시의 모로코 건축의 모습을 간직하고 있는 곳으로 'magnificent'*란 뜻을 가지고 있다. 차분하면서도 리듬감을 선사하는 타일과 나무문에 칠해진 아름다운 색채, 안달루시아와 모로코 풍의 세련된 천장과 정교한 스투코로 꾸며진 벽들과 기둥, 방과 방은 분수가 있는 각기 다른 정원으로 연결되어 있다. 넓은 중정은 절제된 장식으로 인해 세련되고 간결하며 빛은 충만하다. 넓은 야외정원이 있는 이곳은 프랑스 보호령 시절에는 프랑스 총독이 기거했으며 연회 장소로 사용이 되었다.

Bahia궁에서 오른쪽으로, 카펫이 걸려있는 골목을 지나면 사이드의 집이란 뜻의 Dar Si Said가 나온다. 지금은 박물관 Museum of Moroccan Art으로 사용하는 이곳은 고관이었던 부 아흐메드bou Ahmed의 형제인 시사이드Si Said가 살았던 곳이다. 19세기말에 세워진 건축물로 카펫과 가죽, 도자기 등 모로코의 수준 높은 공예품을 만날 수 있다.

• 매우 훌륭하고 아름다운

Bahia Palace 천장 장식   Bahia Palace의 안뜰

삼나무로 새긴 무카르나스가 있는 장식

Bahia Palace의 작은 안뜰

Dar Si Said의 안뜰

하지만 무엇보다도 이곳에서 나를 오랫동안 서성이게 만든 것은 'In Notitiam Ecclesiasticam Africae Tabula Geographica'라는 이름을 가진 1745년 제작한 북아프리카 지도다. 현대에 만나는 고지도는 진귀한 보물이지만 당시의 지도는 가장 첨단을 달리는 귀한 정보 중의 하나였다.

In Notitiam Ecclesiasticam Africae Tabula Geographica/Dar Si Said

햇살만이 고요한,
붉은빛의 카스바

많은 여행자들이 에이트벤하두를 보고 사하라까지 가기 위해서는 마라케시나 페즈의 여행사에서 판매하는 아틀라스 산맥을 넘어 다데스나 토드라 계곡에서 1박을 한 다음 사하라 사막에서 1박을 하고 다시 도시로 돌아오는 2박 3일 패키지 상품을 이용한다. 쉽게 많은 곳을 둘러볼 수 있는 장점이 있지만 시간이 빠듯한 패키지 상품은 아쉬움을 남겨주기도 한다.

마라케시에서 오전 7시 30분경 출발한 미니버스는 지그재그로 아틀라스를 넘어가는데 승객들을 생각해서 버스는 가다 쉬기를 반복한다. 버스를 타고 멀미를 안 하는 편인데도 불구하고 속이 울렁거린다. 그리스 신화 속 이름인 하이 아틀라스의 풍광을 감상하기는커녕 몇몇 손님들은 멀미로 괴로워하는데 약 2시간여를 달리니 아틀라스의

에이트벤하두의 담벼락

에이트벤하두는 물이 있어, 아틀라스 산맥을 넘는 상인들에게는 낙원으로 여겨졌을 것이다.

정상이다. 지도를 보니 마라케시에서 중간 목적지인 에이트벤하두까지는 산길을 타고 약 120킬로미터에 달한다.

아틀라스 산맥은 2500킬로미터에 걸쳐 있으며 마그레브 지역 전역이 해당한다. 그중 모로코는 아틀라스의 중심부에 위치하며 그레이트 아틀라스라고 부르는 하이 아틀라스, 안티 아틀라스, 미들(Moyen) 아틀라스 산맥의 중심부가 지나간다. 그리스 신화 속에서 아틀라스는 서쪽의 하늘을 떠 받치고 있는 티탄으로 묘사되었다.

아틀라스는 이아페토스Iapetos와 클리메네* 사이에서 태어났다. 아버지 이아페토스는 하늘을 뜻하는 우라노스와 대지를 뜻하는 가이아의 아들이다. 아틀라스는 제우스와 티탄과의 싸움에서 티탄의 편에 서서 제우스에게 대항했다가 대지의 서쪽 끝에 서서 하늘을 떠 받들고 있는 벌을 받는다. 신화의 세계에서 서쪽 땅 끝은 모로코 땅이었으며 아틀라스는 지구의 가장 서쪽에서 하늘을 떠 받치는 하나의 막강한 축이었다.

황금 루트의 오아시스

점심때가 가까워지니 멀리 낮은 강물 저편으로 에이트벤하두Ait

---

* Clymene 그리스 신화에서 바다와 강을 관장하는 티탄인 오케아노스와 테티스의 딸이다. 티탄족인 이아페토스와 결혼하여 아틀라스, 프로메테우스, 에피메테우스, 메노이티오스를 낳았다.

Benhaddou 마을이 영화 속 한 장면처럼 다가온다. 그 옛날부터 사하라 사막 남부의 가나 제국(지금의 말리)에서는 사하라 사막을 지나서 마그레브의 도시(지중해와 아랍세계로 가기 위해)로 황금과 상아, 노예와 고무, 목화 등을 싣고 올라가는 길이었거나, 그것과 바꾼 아랍에서 온 소금과 구리, 말과 직물 등을 싣고, 가나 왕국으로 가기 위해 힘든 아틀라스 산맥을 넘는 상인이었거나, 지나가는 길손에게는 물이 흐르는 에이트벤하두의 정경은 낙원처럼 느껴졌을 것이다.

황금 루트라고 부르는 대상로는 말리의 나이저강에서 알제리를 거쳐 모로코에 이르는 길과 수단에서 북아프리카로 이어지는 길이다. 로마 점령 시절인 서기 300년경에 개척했다. 로마인들은 사하라 남부에서 채취한 금으로 군인들과 공무원들의 봉급을 충당했다. 지금도 사하라 사막에서 짐을 담당하는 단봉낙타는 그 시절 로마인들이 시리아에서 들여온 것이다. 7세기 아랍인들이 마그레브에 들어올 무렵에는 사하라 남부의 말리와 수단은 황금의 땅으로 알려져 있었다.

마그레브와 모로코의 황금기로 간주하는 알모하드 왕조는 사하라를 건너 도착한 금으로 경제적, 문화적 도약을 이뤄냈다. 번창한 대도시는 아랍의 대도시들과 교류하며 문화적 통일을 이루었다. 9세기에서 14세기까지 활발했던 중서부 사하라의 황금 루트는 지중해와 인도양을 이어주는 중계무역으로 번영한 이집트 맘루크 왕조(1250~1517)의 공격으로 위축된다. 금의 공급이 원활하지 못하고 인도양과 지중해를 왕래할 때는 비싼 통행세를 내야 하는 상황이 되자 마그레브 국가는 물론 유럽 국가들 특히 스페인과 포르투갈의 경제

상황은 어려워졌다.

역사학자인 이브 라코스트[*]는 이것이 엔리케 왕자[**]를 비롯한 포르투갈 사람들이 금을 찾기 위해 목숨을 건 탐사 항해에 나선 이유라고 했다. 포르투갈 항해사들이 금을 찾아 조심스럽게 서아프리카 해안을 따라 내려오면서 발견한 해로 개척으로 사하라 남쪽과 카이로, 다마스쿠스, 그리고 유럽을 연결하던 마그레브의 역할은 쇠퇴할 수밖에 없었다. 유럽을 제외한 인류에게는 엄청난 재앙인 대항해 시대가 열리게 된 것이다. 따라서 15세기 아메리카 대륙의 발견으로 시작된 약 500년간의 유럽 제국주의의 팽창과 그들에 의한 식민지배는 인류 비극의 시작이었다.

에이트벤하두

점심을 먹기 위해 들어간 에이트벤하두가 보이는 테라스가 있는 레스토랑은 결혼 피로연에 온 것 같은 착각을 일으킬 만큼 많은 손님들로 정신이 없다. 이런 곳에서 음식 맛은 없겠지만 배가 고파 타진과 쿠스쿠스를 주문했다. 모로코의 전통음식은 재료들을 낮은 불에 오랫동안 찌는 음식이 많아 우리나라의 찜과 비슷하다. 기호에 따라 다르지만, 맵거나 짜지 않아 음식에 까다로운 사람도 쉽게 접근 가능한

* Yves Lacoste(1929~) 프랑스 지리학자
** Henrique(1394~1460) 항해 왕자라고 불린다. 포르투갈 국왕 후안 1세의 셋째 아들

에이트벤하두

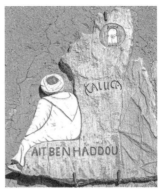

에이트벤하두의 문패

모로코의 전통가옥

순한 음식이다.

　베르베르족 마을인 에이트벤하두는 사하라 남쪽의 사헬에서 모로코의 마라케시로 향하는 카라반의 황금을 운반하는 교역로에 위치해 쉬어가기에 좋은 길목으로 요새화가 되어있는 카스바 마을이다. 마을 앞으로는 강바닥을 흐르는 물이지만 짐을 싣고 온 고단한 단봉낙타를 먹일 만큼 충분한, 높은 아틀라스의 눈 녹은 물이 끊임없이 흘러내린다.

　외부인들이 카스바Kasbah라고 부르는 크사르ksar는 흙으로 높게 지은 요새와 주택들이 밀집되어 있는 사하라의 전통 마을을 지칭한다. 마을에는 외부의 공격으로부터 방어하기 위해 지은 사각형 모양의 안뜰을 중심으로 4개의 망루가 있는 카스바들이 있으며, 카스바의 벽은 높고 일반 주택과 마찬가지로 창문은 없거나 아주 작다. 때로는 방어를 쉽게 하기 위해 언덕 위나 항구의 입구에 세우기도 했다. 지역에 따라서는 도시에 사는 권력자들의 요새형 별장으로도 만들어졌다. 지금은 일부를 제외하고 이곳에 살던 대부분의 주민들은 강 건너 마을로 이주해서 살고 있다. 꽤 규모가 커 보이는 에이트벤하두는 여섯 개의 카스바와 대략 50채의 개별적인 성채로 이루어져 있다. 기단은 돌로 만들고 위로는 흙벽돌로 쌓아 올린 모로코 전통 건축방식의 주택은 1층은 가축들이 거주하거나 농사용 창고로 사용되고 계절에 따라 2층과 3층은 주거공간으로 사용한다.

　이곳은 많은 영화의 로케이션 장소로 유명하다. 잘 보존된 성채는 지금은 많은 사람이 살지 않아 호젓할 뿐 아니라 앞에는 강이 흐르는

에이트벤하두의 카스바

에이트벤하두

덕분에 구경하는 사람들도 자연스럽게 분리 차단이 쉬워 촬영 환경이 매우 좋아 보였다. 한 주민이 영화 글래디에이터를 찍을 당시 사진을 보여준다. 알고 보니 1962년 소돔과 고모라Sodom And Gomorrah부터 시작된 이곳에서의 영화 촬영은 약 20여 작품에 이른다. 가까이에는 모로코의 헐리우드라는 별칭을 가지고 있는 와르자자트Ouarzazate 마을이 있다. 영화사들이 지어놓은 넓은 야외 스튜디오들은 어설퍼 보이지만 영화 속에서는 멋진 장면의 배경이 되었을 것이다. 모든 조건을 갖추고 있는 북아프리카는 영화 로케이션 장소로 최적이다. 기술은 가까운 유럽의 인프라를 이용할 수 있고 아틀라스 산맥에는 깊은 숲이 있으며 눈을 볼 수 있다.

아틀라스가 빚은 협곡

다데스와 토드라

와르자자트를 지나 반나절 차를 타고 어두운 밤이 되어서야 별빛처럼 반짝이며 길을 밝혀주는 가로등을 따라 와르자자트에서 100킬로미터 정도에 있는 다데스Dades 협곡의 호텔에 도착했다. 어둠으로 감춰진 협곡에는 물소리만이 소란스럽다. 여름 계곡이라면 피서지로 좋겠지만 한 겨울의 협곡은 춥고 을씨년스럽다. 하지만 난로가 있는 산장의 레스토랑은 사하라로 향하는 각국의 여행객들로 북적인다.

Pieter Bruegel 농부의 결혼식
출처 en.wikipedia.org

직원들은 음식을 나르기에 분주하고 늦은 저녁 상다리 앞에는, 다양한 나라의 언어들로 떠들썩하다. 둥근 전구가 비춰주는 어두운 불빛과 바쁜 사람들의 모습, 흙벽으로 마감한 산장 내부가 내뿜는 분위기는 마치 16세기 네덜란드 사람 피터 브뤼헐이 그린 '농부의 결혼식'*이란 그림이 생각나는 정경이다. 그림에서는 하객이나 연주하는 사람들의 관심은 한 끼 밥이다. 녹색 패브릭을 배경으로 앉아있는 신랑은 이미 주인공이 아니다.

캄캄한 세상에서 다데스 계곡 산장의 불빛만이 흥청거린다. 구수한 콩 수프와 담백한 찜닭 같은 닭고기가 들어있는 타진과 쿠스쿠스로 푸짐한 저녁을 먹고 나니 하루 종일 울렁거렸던 비위도 진정된다. 아틀라스 남쪽 계곡의 물소리는 밤이 깊어갈수록 커져만 가는데 고단한 몸은 물소리마저 자장가로 들린다.

오늘 중으로 사하라로 들어가야 하니 이른 아침, 동트기 전에 출발

• Pieter Bruegel the Elder(1525~1569) 1566~69년 작품

이다. 아침에 일어나서 호텔 주위의 계곡을 한 번 둘러보고 싶었는데 어두워서 산책도 할 수 없을뿐더러 일찍 일어나 출발하는 것조차 바쁘다.

계곡을 따라가는 길에 보이는 다데스 계곡의 풍광은 큼지막한 조물주의 손으로 대충 주물러 놓은, 둥근 형태의 아기자기한 바위들이 계곡을 향해서 흘러내릴 것 같다. 물을 따라 자라는 나뭇가지들이 아침 햇살에 반짝이고, 오아시스를 따라 카스바와 도시들이 형성되어 있으며 야자나무가 있는 계곡에는 농사도 제법 짓는다.

그레이트 아틀라스라고도 부르는 하이아틀라스와 안티 아틀라스 산맥 사이에는 다데스계곡과 토드라 계곡이 있다. 이 계곡에는 오아시스 마을 카스바가 끝없이 이어진다.

다데스 계곡

토드라 협곡

오아시스 마을과 경작지

오아시스에 발달한 카스바

오아시스 마을과 경작지

    밀림을 연상케 하는 키가 큰 야자나무들과 무너져 내린 카스바도 있지만, 원시적이며 순전(純全)하고 고결해 보이는 햇살만이 고요한 붉은빛의 카스바와 오아시스가 흐르는 마을 풍광은 실로 장관이다. 이처럼 넓은 오아시스가 있는 곳이니 제법 큰 도시가 발달한 것은 당연하다. 이곳에서 조금 떨어진 곳에는 매우 분주한 오아시스 도시 Tinghir(Tinerhir)가 있다.

    아틀라스 산맥이 만들어 놓은 다데스계곡에서 토드라로 이어지는 협곡은 아틀라스가 내려준 축복의 땅이다. 건기임에도 계곡에는 물이 흐르고 그 옆에는 넓은 타일처럼 정비된 경작지가 많다. 약 600미터에 달하는 토드라 협곡은 중국의 황하 석림처럼 스펙터클 하다. 협곡의 폭이 약 10미터 정도에 불과할 정도로 좁은 곳도 있다. 협곡으로 들어가기가 무섭게 세찬 골바람은 사람의 무게쯤이야 날려버릴 기세다. 여름에는 신선이 부럽지 않겠다.

먼 옛날의 바다 이야기,
사하라

　　토드라 계곡을 지나서 사하라로 가는 길, 메르주가가 가까워지자 기념품 가게라고 하기엔 규모가 너무 큰 사하라에서 나온 화석을 가공하는 공장이 보인다. 자연사 박물관에서 볼 수 있는 것들이 무더기로 눈앞에 펼쳐져 있다. 가공하기 전의 암모나이트와 삼엽충은 물론 귀한 식물화석들까지 햇살 속에서 나른한 숨을 쉬듯 누워 있다.

　　화석이란 말은 살아있는 것이 돌로 변화했다는 뜻인데 라틴어가 어원인 Fossil이란 말은 '땅에서 파낸 기묘한 물건'이란 뜻이다. 연잎 모양을 닮은 식물의 화석은 마치 추상화 작품을 연상시키며 탄성을 자아낸다. 파울 클레*와 칸딘스키**의 작품을 닮은 공간 속을 부유하는 지질시대의 생물들과의 만남은 'Fossil'이란 단어의 뜻처럼 정말로

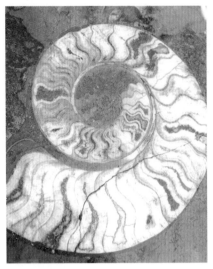 

사하라 화석　　　　　　　　　　화석을 가공한 작품

기묘했다.

　내부의 전시장에는 부유한 손님을 기다리는, 화석을 가공하여 만
든 테이블과 각종 생활도기들이 눈길을 끈다. 동양인들, 특히 돈 많은
중국인들이 많이 구입한단다. 소용돌이 형태의 소라 화석으로 만든
작은 테이블 하나쯤 곁에 두면 먼 옛날 바다이야기를 들려줄까?

• Paul Klee(1879~1940) 스위스 태생 추상화가
•• Wassily Kandinsky(1866~1944) 러시아 태생으로 최초의 순수 추상화가이다.

사하라의 황금도시

시질마사 Sijilmasa

화석 공장Fossil Store 앞에서 허허벌판을 바라본다. 호텔로 보이는 큰 규모의 카스바만이 이 길목에 여행객들이 많이 다닌다는 것을 알려준다. 8세기도 훨씬 전부터 이 길은, 아니 이 지역은 황금과 노예 거래로 전대가 두둑한 카라반들이 주인이었다. 짐을 실어 나르는 마차와 단봉낙타들을 연결한 줄로 길목이 번잡했으며, 높은 망루가 있는 화려한 카스바 여관들이 즐비했다. 메르주가에 가까이 온 것이라면 이 지역은 9세기에서 14세기까지 중계무역으로 번창했던 카라반 대상로의 중심도시 시질마사Sijilmasa가 있던 곳이다. 구글에서 찾아보니 이곳에서 동남쪽으로 약 4킬로미터 지점에 시질마사 유적지가 남아 있다. 시질마사는 금무역으로 사하라와 마그레브를 이어주던 아주 오래된 교역도시로, 로마시대에도 규모가 꽤 큰 도읍이었을 것으로 생각된다. 9~14세기에 시질마사는 사하라 이남의 사헬과 흑아프리카에서 생산되는 금과 목화, 노예 등을 카이로와 다마스쿠스, 바그다드 등의 마슈렉(마그레브의 동쪽 국가와 도시들)과 지중해 국가들을 이어주는 복잡한 중계무역의 거점이 되었다. 그러므로 알모라비드와 알모하드, 사디 왕조 같은 모로코 왕조들은 아틀라스 남쪽에 있는 베르베르 부족과 드라 강 유역의 도시와 시질마사를 장악한 후에 페즈나 마라

시질마사 근처의 호텔. 당시의 카라반 숙소의 모양도 이와 다르지 않았을 것이다

케시 등의 대도시에서 왕조를 세웠다. 튀니지의 아글라비드 왕조와 파티마 왕조처럼 마그레브의 다른 나라도 마찬가지로 사헬지역의 황금루트를 장악한 세력이 왕권을 거머쥐었다. 말리나 수단 등 사헬지역에서 중서부 사하라를 무사히 넘어온 카라반의 행렬은 시질마사에서 금과 노예, 목화 등을 내려놓고 쉬었다가 본국으로 가지고 갈 소금과 직물 등을 실었다. 시질마사에서 분배된 물건들은 아틀라스를 넘어 모로코와 튀니지의 거점 도시를 거쳐 마슈렉의 대도시인 카이로

와 다마스쿠스, 바그다드, 스페인이나 포르투갈을 비롯한 유럽으로 흘러들어 갔다. 수단에서 나일강으로 이어지는 다른 하나의 황금루트는 누비아*의 관할아래 있었다.

시질마사는 9세기에서 14세기까지 중세 마그레브 사하라 무역루트의 전설적인 황금도시였다. 황금시대가 지속되면 내리막길은 가파르다. 1291년 예루살렘 왕국을 멸망시켜 십자군 세력을 194년 만에 물리친 이집트 맘루크 왕조는 시리아를 통일하고 유럽과 인도양을 오가는 상인에게 높은 통행세를 거둬들였다. 맘루크 왕조의 활발한 중계무역은 마그레브가 독점하고 있던 무역루트 발달을 퇴보시켰으며 수백 년 동안 이어진 황금루트와 시질마사의 영화는 서서히 잊혀졌다. 그러나 화려한 황금 도시의 흔적으로 남은 폐허는 메르주가에서 약 40킬로미터 떨어진 리사니Rissani와 가까운 타피라레트Tafilalt oasis에 있는 Ziz강을 따라 지금도 5마일이나 이어져 있다.

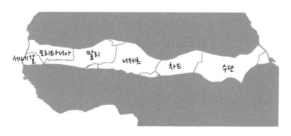

아프리카 사헬지역

• Nubia 고대에는 독립 왕국이었으며 이집트와 관계가 깊다. 나일강 유역인 이집트 남부와 수단 북부에 위치한다.

메르주가로 내려갈수록 마을이나 지나가는 사람들의 피부색은 어두워진다. 흑인들은 모로코의 도시에도 많지만 베르베르인 중에도 흑인들만큼 피부색이 검은 경우가 있다. 마그레브에 흑인들이 많이 살고 있는 것은 사헬(사하라 이남 접경지역) 지역과 흑아프리카(사헬지역 아래)지역이 마그레브와의 왕래가 많았기 때문이다. 사헬과 마그레브와의 교역은 시작점을 알 수 없을 정도로 역사가 깊다. 혹독한 사하라를 건너기 위해서는 우물을 파는 일부터 각종 노동을 위한 인적자원이 많이 필요하다. 대상들은 다른 노예들을 시켜 암염광산에서 판 소금을 주고 노예 계약을 맺은 흑인들을 데리고 다녔다. 이동 도중에 죽지 않고 마그레브에 도착한 사람들은 계약이 끝난 후, 오아시스에 정착하거나 토산물을 파는 상인이나 군인 등에 종사하면서 마그레브 사회에 자연스럽게 스며들었다. 예를 들면 모로코의 왕궁을 지키는 군인들은 전통적으로 대부분 흑인들이다.

이곳은 사하라인 것을

메르주가와 쉐비 사막

메르주가Merzouga는 모로코 남동쪽의 작은 마을로 약 50킬로미터 밖에는 알제리 국경이 있다. 일 년 내내 비 한 방울이 아쉬운 이 지역이 2006년 갑자기 순식간에 쏟아진 홍수로 많은 인명피해를 입었다.

홍수 이후에 지하에 자연스럽게 어마어마한 큰 지하수층이 생겼다. 많은 사람들의 목숨을 앗아간 홍수가 남아있는 사람들이 살아갈 수 있는 생명수가 되었다.

모로코에는 쉐비chebbi 사막과 시가가 사막이 있다. 메르주가에 인접한 사막은 에르그 쉐비이다. Erg란 사구가 사방으로 이어지는 광대한 모래사막을 말한다. 메르주가는 모로코 사막여행의 중심지로 사막여행을 경험하기 위해 여행자들이 모여든다. 해넘이를 볼 수 있을 때 사막에 낙타나 지프를 타고 들어가서, 베르베르인들의 천막에서 베르베르식의 저녁을 먹고 그들의 리듬을 들으며 사막의 별을 보고 텐트에서 잠이 든다. 다음 날 새벽 일출을 보면서 메르주가의 호텔로 돌아와 아침을 먹고 도시로 출발하는 일정이다. 각지에서 모인 여행자들은 넘어가는 일몰로 생긴, 긴 그림자를 즐기며 단봉낙타 등에 탄 카라반의 행렬처럼 남쪽을 향해서 내려간다. 모래땅에 빠지지도 않고 가볍게 턱턱 걸어가는 낙타몰이를 하는 푸른색 전통복장을 한 베르베르족 청년에게서 강인함과 이국적인 매력이 느껴진다. 마그레브 땅이 그렇듯이 베르베르인들에게는 대체로 카리스마가 보이는 강인한 남성성과 전통적 분위기에서 오는 우아한 아름다움이 뒤섞여 있다. 그러다가 말을 하면 환상이 깨지곤 한다. 사막 투어가 끝나면 청년은 배낭에 해머와 작은 곡괭이를 넣고, 광대한 먼 옛날 큰 바다였다는 사하라에서 화석을 찾아다닐지도 모를 일이다.

해넘이를 보고 사구와 사구 사이에 있는 베르베르족 텐트에 도착했다. 사하라에서 해가 떨어지면 모래바람이 불고 기온이 쑥 내려간

사막의 긴 그림자

사막으로 들어가는 행렬

메르주가의 호텔

사하라

다. 그나마 텐트가 있는 움푹 들어간 국그릇처럼 생긴 지역은 바람이 잠잠하다. 수많은 별이 매달려있는 검은색 하늘은 마치 천문대에서 천장에 그려진 둥근 하늘을 보고 있는 느낌이다. 어둠에 낯선 몸으로 저녁을 먹을 수 있는 텐트 안으로 기어들어가 자리를 잡고 앉으니 옆에 앉은 남자는 부부가 함께 온 미국인이다. 매우 반가워하는 것이 한국에서 2년 동안 어학원 교사를 했었단다. 이곳저곳 다녀온 한국 이야기를 하는데 반가웠다.

베르베르인의 리듬이 깊어가는 밤, 이곳에서 조금만 더 이동해도 알제리 국경이다. 알제리와 모로코, 튀니지는 지구상에서 가장 사이가 좋은 이웃 나라들이다. 사막지대를 제외한 이들의 국경은 먼 옛날부터 만들어졌고 한 나라로 통일되었던 적도 있었다. 하지만 모로코와 알제리가 서사하라를 놓고 갈등이 생겼다. 이유는 유럽의 강대국들이 식민지에서 늘 하던 방법으로, 스페인과 프랑스가 싸움을 붙여놓고 빠져버린 것이다.

마그레브와 서사하라

베를린 회의(1884)는 분쟁의 시작

모로코의 역사는 알제리와 튀니지, 리비아와 함께 많은 부분 역사를 공유한다. 동쪽의 아랍 이슬람 지역에서 '서쪽의 땅'이란 뜻으로 불렀던 마그레브라는 지명을 그들은 사랑한다. 모로코, 알제리, 튀니지는 마그레브란 연합으로 오래전부터 함께 했던 역사와 묶였으며 나중에 리비아와 모리타니가 마그레브연합에 합류했다. 모로코의 인구분포는 이주민인 아랍인은 65퍼센트, 베르베르족은 35퍼센트 내외이며 남부 아프리카에서 온 흑인과 유럽인, 유대인 등으로 구성되어 있다. 베르베르족이 아랍족에 비해 상대적으로 적은 인구임에도 불구하고 이들이 사랑하는 정신적, 문화적 근간의 뿌리는 베르베르족과 베르베르어이다.

역사는 기원전 2000년대 말경 베르베르족이 모로코에 들어왔다고 적고 있다. 원주민이다. 이후 마그레브에는 기원전 12세기경 페니키아가, 기원전 5세기경에는 카르타고(페니키아), 그 다음에는 로마라는 큰 물결이 역사의 근간을 이룬다. 7세기말에는 아랍에서 온 이슬람교도의 침략을 받았으나 모로코는 독립을 지켜냈다. 711년 이베리아 반도에 이슬람 세력이 도래한 이래 세계적으로 학문과 문화가 융성했던 코르도바 칼리판테가 1031년 멸망하자 11세기와 12세기 초까지 베르베르 왕조인 알모라비드 왕조(1050~1147)와 알모하드 왕조(1121~1269)는 지금의 스페인 지역까지 통치했다. 뒤를 이어 마리니드 왕조와 1510년경 사디 왕조가 등장했으며 1492년, 더욱 거세진 기독교 국가들의 레콩키스타*로 800년에 가까운 이베리아 반도의 이슬람 세력은 막을 내렸다.

* Reconquista(711~1492) 이베리아 반도의 기독교 국가들이 안달루시아를 통치하는 이슬람 국가를 축출하는 일련의 국토 회복운동

그리고 1884년 베를린 회의에서 유럽 국가들은 아프리카를 그들의 입맛대로 나누어 가졌다. 서사하라 분쟁의 시작이었다.

16세기 이후 유럽 국가들은 전 세계를 대상으로 앞 다투어 식민 영토를 확장해 나갔다. 그러나 정작 그들의 역사권과 맞닿아 있던 코 앞의 북아프리카에게는 19세기가 되어서야 식민의 이빨을 드러내기 시작했다. 1830년 이후 북아프리카에 대한 프랑스, 영국, 스페인의 간섭이 심해지면서 스페인은 1859년 모로코에서 중요한 영토를 얻어냈다. 1884년 비스마르크의 중재로 열린 베를린 회의에서 유럽 국가들은 아프리카 분할을 합의하여 현재의 분쟁지역인 서사하라는 스페인이 점유하게 된다. 1906년에는 서사하라에서 주민들의 반 스페인 봉기가 일어났으며 모로코는 1912년에 프랑스 보호령이 되었다. 1934년 당시 모로코를 통치하고 있었던 프랑스는 게릴라 식으로 일어나는 서사하라의 반란을 진압한다.

1956년 프랑스에서 독립한 모로코는 서사하라 북부지역에 대한 영유권을 주장했으며 서사하라 해방운동단체를 중심으로 반 스페인 국지전이 일어난다. 이에 1973년 유엔은 이곳을 국제 분쟁지역으로 결정하였다. 국제 사법 재판소는 서사하라의 독립 필요 의견을 제시했으나 모로코 정부는 이에 반대, 서사하라 북서지역에 군대를 진주시켰다.

이미 복잡해진 이 지역에서 1976년 스페인이 아무런 대책 없이 군대를 철수하자 서사하라는 '사하라 아랍 민주 공화국'으로 독립한다. 강대국들이 늘 그렇듯이, 이미 국제적으로 뜨거워진 감자를 어찌하지 못하고 알제리의 지원을 받는 사하라 아랍 민주 공화국의 폴리사리오POLISARIO(사하라 민족해방전선)와 모로코와 모리타니아가 서로 싸우도록 만들어버리고 원인을 제공했던 스페인은 슬쩍 빠져 버렸다. 갈등 끝에 1989년 모로코와 사하라 아랍 민주 공화국 간의 휴전 협정이 체결되었으나, 국지전은 계속되었고 1991년 정전협정으로 사하라 아랍 민주 공화국에는 유엔의 평화유지군이 주둔하게 되었다.

사하라에는 생각보다 많은 마을과 도시들이 있어 사막을 근거지로 사람들은 살아간다. 알제리는 모로코의 심기를 건드리지 않으려고 멀찌감치 빠져 있는 시점에 유엔이 모로코의 심기를 건드려 악화시킨 것이다. 모로코와 알제리, 모리타니아와 사하라 아랍 민주 공화국 간의 접점을 찾는데 유엔의 지혜로운 역할이 아주 필요한 시점인 것 같다.

꿈꾸는 여행자의 도시,
페즈

사하라에서 새벽 별을 보며 낙타 등에 올랐다. 도시인에게는 칠흑 같지만 사막의 어둠이 일상인 베르베르 청년은 여행자 몸집의 실루엣만 보고도 체격에 걸맞은 낙타에 태운다. 그의 몸짓에서 그들과 동거하는 낙타를 배려하는 마음이 느껴진다. 일출이 어디인들 이만 못하랴, 하지만 이곳은 사하라인 것을. 사하라의 새벽은 무척 춥다. 있는 옷을 다 껴입고도 낙타 몸의 양쪽으로 뻗은 발끝은 몹시 시리다. 사하라에서 하룻밤을 지낸 척하고 떠나는 기분을 내는 내 모습에 어찌할 수 없는 쓸쓸함이 엄습해 온다. 사구의 능선을 따라서 동이 트는 메르주가의 붉은색 카스바 호텔로 돌아왔다. 따뜻한 차와 함께 준비해 놓은 간단한 아침이 너무 고맙다.

메르주가에서 페즈까지는 하루 종일 달려야 한다. 오래전부터 사람들이 모여 살았던 사막 마을들을 지나간다. 끝없이 펼쳐지는 협곡마다 간간이 보이는 오아시스에는 한쪽이 무너져 나간 카스바들이 옛 영화를 상상하게 만들고 사막의 인삼이라는 대추야자가 있는 풍경은 그림처럼 눈앞에 나타났다 사라지기를 반복한다.

대추야자는 성경에 나오는 종려나무다. 작은 마을에서 갓 수확한 대추야자를 팔고 있다. 관심을 드러내자 드라이버가 잠시 차를 세워준다. 숙성이 된, 금방 먹을 수 있는 것은 상자에 담겨있고 어떤 것은 가지에 주렁주렁 달린 채로 손님을 기다린다. 이곳 사람들은 가지에 매달아 놓고 숙성된 것부터 따서 먹는다. 선지자 무함마드가 40일 금식 기도를 한 후, 제일 먼저 우유 한 잔과 같이 먹었다는 대추야자다. 가지에 달려있는 대추야자의 맛은 꿀에 절인 것처럼 달콤하다. 세계에서 가장 많이 움직이는 물류는 석유와 커피 그리고 대추야자라고 언젠가 다큐 프로그램에서 본 적이 있다. 요즘은 대추야자의 효능이 알려져 이슬람권이 아닌 나라로의 수출도 늘었다고 한다.

페즈로 가는 길, 메르주가에서 약 265킬로미터 지점에 있는 고도가 꽤 높은 미델트에서 늦은 점심을 먹었다. 멀쩡하던 하늘이 금방이라도 벼락을 칠 기세인데, 갑자기 비가 땅이 패일 것처럼 쏟아진다.

해발고도 1250미터 미들아틀라스에 위치한 Azrou 숲에 잠시 들렀다. 안개에 싸인 녹색의 숲이 요정이라도 나올 것처럼 신비롭다. 잠시라도 걷고 싶었다. 뒤를 따라온 드라이버 아지즈에게 숲이 멋지다는 신호를 보냈더니 Azrou란 굿모닝을 의미한다고 한다. 이름이 물안개에 휩싸인 숲의 모습과 사뭇 어울린다. 쭉쭉 뻗은 참나무와 아틀라스

미들 아틀라스에 있는 Cedre Gouraud Forest

성벽으로 둘러싸인 페즈

페즈 풍경

삼나무가 빽빽한 녹음이 짙은 숲은 북반구 추운 나라의 숲 분위기다. 숲의 이름은 'Cedre Gouraud Forest', 프랑스 장군의 이름을 붙였다. 그 냥 아조르 숲이 더 좋겠다.

아조르 숲을 지나 페즈에 들어온 시간은 오후 6시 30분, 긴 하루 비 내리는 밤, 다시 페즈에 왔다.

곡괭이로 만든 도시

이드리스Idrisid 1세(788~791)는 선지자 무함마드의 직계 후손이다. 그는 알리 가문 사람 중 살아남은 몇몇 사람들 중의 한 명으로 모로 코 북부 페즈에 북아프리카 최초 샤리프 왕조인 이드리스Idrisid 왕조 (788~974)를 창건하였다.

샤리프Sharif란 본래 명문가의 우두머리를 가리키는 칭호였지만 때로는 무함마드의 직계 후손인 알리와 파티마의 후손이거나 그들의 장남 하산의 후손들에게만 적용되었다. 페즈는 이드리스 1세가 페즈(아랍어로 Fa's는 곡괭이를 의미)를 만들기 위해 은과 금으로 만들어진 곡괭이를 사용했다는 전설이 전해오는 곳이다. 걸어서 다닐 수 있는 세계에서 가장 큰 도시이다. 이곳에는 817년에서 818년 사이에 이베리아 반도 안달루시아의 코르도바 우마이야드 왕조에 대항하여 폭동을 일으켜서 쫓겨난 사람들과 824년에는 튀니지의 카이르완에서 폭동을 일으킨 두 부류의 사람들이 이주해 왔다. 그야말로 자유를 찾아온 것일까. 이베리아의 안달루시안들이 정착한 페즈를 Old Fez(Fas Elbali)라고 불렀으며 그 후에 이주해 온 튀니지안들이 정착한 곳을 New Fez(al Aliya)라고 불렀다.

Idrisid왕조가 통치하는 동안 페즈는 두 도시로 구성되었다. Idris I세가 세운 Fas Elbali와 809년 경 그의 아들 Idris II(803~828)세가 만든 al Aliya는 1070년 베르베르왕조인 알모라비드왕조(1050~1147) 때 하나가 되었다. 12세기말, 알모하드왕조(1121~1269) 때는 도시를 넓혔으며 도시 밖 언덕을 올라가면 도시를 둘러싼 알모하드 성벽을 볼 수 있다. 13세기에서 14세기에 페즈는 마리니드 왕조의 수도로 학문과 상업, 종교의 중심지로서 황금기를 맞이한다. 학교를 비롯하여 많은 기념비적인 건축물들은 이 시기에 세웠다.

알모하드 왕조 때인 1236년에는 이베리아 북부의 기독교 왕국에 의해 코르도바를 빼앗겼다. 1248년에는 세비야까지 점령되었다. 두 도시는 각각 525년과 537년간의 이슬람 지배를 받았으니 일제 강점기 36년에 치를 떠는 우리에게는 놀라운 일이다. 알 안달루스와 마그레브는 모든 것이 융합되었다고 봐야 할 세월이다. 이 시기에 이베리아에서 쫓겨난 무슬림과 유대인은 물론 많은 안달루시아의 학자와 예술가들이 페즈로 이주하였다. 역사적으로 보면 페즈는 이주민들의 도시이다. 알모하드 왕조에 이은 마리니드왕조Marinid(1244~1465) 시기에 지식의 용광로 역할을 했던 페즈는 아랍과 유럽 세계에까지 알려졌다. 종교적으로도 영향력을 미쳐 서쪽의 메카 'Mecca of the West'라는 별칭으로도 불렸다. 페즈가 누리던 당시의 풍요를 역사학자이며 철학자인 이븐

페즈 왕궁

할둔˙은 그의 저서《역사서설》에서 페즈를 아래와 같이 묘사했다.

'사치품에 대한 수요로, 생산활동이 활발한 페즈에서의 수지 총액이 보다 더 크고 따라서 패즈에서의 생활은 극히 풍요롭다. (…) 페즈의 거지는 틀렘센이나 오란의 거지보다 더 낫다.'

페즈의 아이콘 페즈의 골목

두 번째 온 도시지만, 그냥 현지 가이드 뒤를 따라다니는 가이드 투어를 하기로 했다. 다른 곳과는 달리 현지인도 길을 잃는다는 복잡한 미로로 만들어진 페즈의 골목에서는 가이드 투어를 하는 것이 최선인 것 같다. 현재도 술탄이 거주하는 왕궁에서 가이드 투어를 시작한다. 13세기 마리니드왕조 때 만들어진 궁의 담장과 문을 장식한 타일 문양은 다시 봐도 마리니드 왕조의 예술성을 감추지 못한다.

신페즈지구에 있는 왕궁을 보고 오른쪽 골목으로 들어가면 1438년에 만든 유대인 구역인 멜라가 있다. 페즈에 원래 살던 유대인과 아틀라스 지역의 베르베르 유대인, 안달루시아에서 이주한 유대인들이 모여 살았는데 금, 은, 보석 세공인들이 많았던 주민들의 대부분은 이스라엘로 이주했다. 한 때는 왕궁의 옆 노른자 구역에서 호떡 모자인 키파를 쓴 사람들이 분주히 오갔을 유대인 거리가 지금은 사람이 살지 않는 집처럼 시간을 재촉해서 나이를 먹어간다. 왠지 을씨년스러

• Ibn Khaldun(1332~1406)

페즈 왕궁의 문

왕궁의 문을 장식한
모자이크 12각형의 별

페즈 멜라 지구

도자기 공방의 기와

페즈블루 도자기 가게

페즈 풍경

운 이층 발코니의 펄럭이는 커튼을 바라보는 이도 쓸쓸하다.

가죽을 가공하는 태너리로 가는 도중에 타일과 도기들을 생산하는 세라믹 공방에 들렀다. 공방입구는 갓 구워낸 녹색 기와가 담장을 이루고 있다. 모로코의 왕궁 및 고급 주택에는 대부분 녹색 기와를 선호한다. 단순히 녹색에 대한 로망 때문이 아니라 모로코의 지붕을 이루는 아틀라스 산맥을 상징하는 것처럼 보였다. 세라믹의 역사에서 북아프리카 세라믹은 13세기에 생산하기 시작한 스페인 안달루시아의 히스파노 모레스크Hispano Moresque와 맥을 같이한다. 711년 이슬람의 이베리아 침공은 러스터 도자기 기법과 더불어 다양한 도자기 기술도 함께 가져왔다. 안달루시아에서 생산된 히스파노 모레스크 도자기는 유럽 전역으로 팔려나갔다. 하지만 북아프리카와 안달루시아의 전통 세라믹은 연질 도기로 부드러워서 다른 것과 부딪치면 잘 깨진다. 이러한 약점을 보완하려고 발전하다 보니 현재 유럽의 도자기 명가들이 탄생하였다.

히스파노 모레스크가 전해진 15세기 이탈리아에서는 마졸리카 Majolica 도자기가 탄생했으며 마졸리카는 네덜란드, 영국, 프랑스 등지로 전해져 파이앙스Faience˙ 도자기가 만들어졌다. 결국에는 1710년 독일 지역 마이센에서 포슬린porcelain이 탄생되었다. 이슬람 세계에서 탄생한 안달루시아의 세라믹은 전 유럽에 영향을 미쳐 유럽 세라믹

• 히스파노 모레스크는 이탈리아로 전해져 15~16세기에 마졸리카 도자기로 발전하며, 17~18세기에 네덜란드, 영국, 프랑스, 독일 등으로 전해져 파이앙스 도자기를 생산하였다. 파이앙스라는 이름은 이탈리아 파엔차Faenza 도자기에서 유래했다. 파이앙스Faience로 널리 알려진 것은 네덜란드의 델프트Delft 도자기이다.

새로 만든 가죽 염색 작업장

염색 작업장 옆을 지나가는 물길

을 탄생시킨 것이다.

페즈에는 태너리가 다른 곳에도 있다고 하지만, 가죽 작업장 슈와라 태너리Chaouwara Tanneries는 페즈의 아이콘이다. 지독한 냄새를 갖고 있지만 그 냄새마저도 페즈를 잊지 못하게 한다.

세라믹 공장에서 나와 태너리로 향하는 길, 냄새에 대한 기대(각오)를 하고 왔건만 태너리와 가까워져도 허전하고 뭔가 이상하다. 각오했던 지독하거나 참을 수 없었던 냄새가 오늘은 없다. 가는 날이 장날이라고 그 많은 날 중에 태너리는 공사 중이다. 짐승 가죽을 가공하는 대표적인 작업 과정인 무두질tanning은 단백질과 기름, 잔털 등을 없애고 가죽의 사용이 가능하도록 만드는 작업이며, 인류 최초 산업 중 하나이다.

가장 많은 여행객들이 올라오는 가게의 테라스로 올라왔다. 그래도 예전과는 달리 이곳에서 종사하는 사람들은 연령제한이 있으며, 작업 시간과 복지가 달라졌다고 한다. 무두질과 염색으로 땀에 젖은 부산한 장인들의 움직임은 눈에 보이지 않고 인부들만 성큼성큼 작업 볼 위를 왔다 갔다 한다. 새로 복원하는 염색 작업장은 예전과 달리, 높이를 공정의 순서대로 조정한 느낌이다. 이곳은 유네스코 문화유산이어서 복원도 제대로 할 것이다.

태너리를 나오는 길에는 태너리에서 가장 중요한 요소인 물길이 지나간다. 페즈는 페즈 강과 세부 강이 만나는 지역인 페즈 강가에 위치한다. 페즈에 와서 한 번도 강을 연상해 본 적은 없다. 이곳은 강수량도 적을 뿐 아니라 매우 건조한 지역이어서 강물이 땅 위로 흐르지 않는다. 페즈는 미들 아틀라스 산맥 옆에 발달한 도시들 중의 하나지만 아틀라스 산맥에서 흘러내리는 물도 땅 아래로 흐르는 경우가 많다. 가죽 작업을 하는 태너리 옆을 흐르는 물은 분명 수량이 많아 빠르게 흘러내리는 강의 폭보다는 좁은 천의 모습이었다. 도시가 생긴 이래로 계속되었던 페즈의 대표 산업인 태너리를, 가죽제품을 파는 상점의 테라스에서 한 번이라도 내려다본 사람은 가죽 염색의 모든 공정이 물로 이루어진다는 것을 단번에 알아차린다. 태너리 옆으로 흐르는 물을 보면서 자연스럽게 수질오염에 대한 우려를 하지만, 페

페즈 골목 풍경

페즈의 장인

즈의 제품은 현대 가죽의 무두질에 사용하는 크롬이나 황산 크롬을
사용하지 않아 자연 친화적이다. 현대에도 섬유산업이 발달한 곳에
는 강이 위치한다.

Al-Idrisi, 꿈꾸는 여행자

세계 최초의 대학 알 카라윈

828년 이드리스 2세의 죽음으로 왕조의 영역은 아들들에게 분할
되었다. 장남 야흐야 이븐 무함마드는 세계 최초의 대학 알 카라윈Al
Quaraouiyine을 세웠다. 알 카라윈은 859년 개교한 세계에서 가장 오래
된 대학으로, 아랍세계의 전성기였던 10세기를 전후하여 영향력 있
는 학자와 과학자, 철학자들을 배출하였다. 그중 어려운 아랍어 이름

들 중에 Al-Idrisi가 관심을 끈다.

Al-Idrisi°는 페즈 메디나의 미로 같은 골목에서 내가 만난 12세기의 지리학자이며 여행가인 동시에 뛰어난 지도 제작자이다. 그는 시리아 우마이야 왕조에 근거를 둔 샤리프가의 먼 후손이다. 그는 모로코와 알 안달루스의 코르도바에 주로 거주하였다.

1031년 이베리아의 안달루시아에서는 아랍계 왕조인 알 안달루스 코르도바의 칼리프가 무너지고 1091년 베르베르계인 알모라비드 왕조가 코르도바를 점령하였다. 알모라비드 점령자들과 레콩키스타로 점점 다가오는 카스티야의 기독교 군 사이에서 아랍계이며 왕족인 알 이드리시의 최종 선택은 시칠리아였다. 그는 Roger Ⅱ 세의 초청을 받아들이기 전인 1130년대까지 소아시아와 프랑스, 잉글랜드와 북아프리카 등을 여행하였다. 제리 브로턴의 책《욕망하는 지도》에 의하면 다마스쿠스 학자 알 사파디(1297~1362)는 알 이드리시와 Roger Ⅱ 세와의 만남을 이렇게 묘사했다.

'프랑크족의 왕이며 시칠리아의 주인인 루지에로(Roger Ⅱ세)는 철학에 조예가 깊은 사람들을 좋아했고, 알 샤리프 알 이드리시를 북아프리카에서 데려온 사람도 그였다. (…) 그가 도착하자 루지에로는 격식을 갖춰 환영했고, 그에게 경의를 표하려고 온갖 노력을 다했다. (…) 루지에로는 자신의 거처에 머물라며 그를 초대했다. 루지에로가 그를 설득하며 말했다. "선생께서는 칼

• Muhammad al-Idrisi(1100~1165) 세우타 출생

Al Quaraouiyine 대학 안뜰, 야외 미흐랍이 중앙에 보인다

Al Quaraouiyine 대학 안뜰
출처 en.wikipedia.org

리프 집안 출신이십니다. 선생께서 무슬림 통치 지역에 계시면 그 영주들이 선생을 해치려고 찾아다닐 겁니다. 하지만 저와 함께 계시면 안전합니다." 알 이드리시가 왕의 초대를 수락하자 왕은 그에게 적잖은 수입을 약속했다. 알 이드리시는 노새를 타고 왕에게 가곤 했는데, 그가 도착하면 루지에로는 자리에서 일어나 그를 맞이하러 나갔고, 두 사람은 함께 자리에 앉았다.'

두 사람의 만남을 설명하는 유일한 자료이지만 거의 200년 후에 기록된 글이다.

알 이드리시는 시칠리아의 왕 Roger II세(1095~1154)의 의뢰를 받아 《세계를 여행하려는 사람을 위한 유희의 책》을 제작하였다. 1154년 완성한 이 책은 아랍어로 쓰였으며 세계를 포괄적으로 요약한 백과사전 같은 지리학책이다. 전 세계 70곳의 지역 지도 앞에는 해당 지역에 관한 설명을 두었다. 타블라 로게리아나Tabula Rogeriana는 일흔 개의 지역 지도를 모두 붙여 재구성한 세계 지도로 남쪽을 위로해서 제작했다. 지도는 최초로 위도와 경도의 개념을 그려 넣었으며, 멀리 동쪽에 신라가 명시되어 있다. wikipedia에 들어가면 멋진 그의 지도를 확인할 수 있다. 그가 만든 지도는 이후로도 300년 이상 사용했던 세계 지도였다. 《욕망하는 지도》의 120쪽에 의하면 알 이드리시는 책의 서문에서 왕(로저 2세)이 이 일을 어떻게 의뢰하게 되었는지 설명했다.

'왕은 자신의 땅을 속속들이 정확하게 파악해 확실한 지식과 함께 그것에 통달하고 싶어 했고, 국경과 육로와 해로에 대해, 그리고 기후는 어떻고 바다와 만의 특징은 무엇인지 알고 싶어 했다. 더불어 일곱 개의 기후대에 있는 다른 땅과 지역에 대해서도 다양한 출처에서 공통되는 부분이 나올 때마다, 그리고 전해지는 기록이나 여러 저자가 각 기후대에 어떤 나라가 있는지 분명히 밝힐 때마다 그것을 알고 싶어 했다.'

Roger II세의 학자들은 그 후 여러 해 동안 정보를 수집하고 정리하느라 진땀을 흘렸다. 의견이 일치하는 부분이 나오면 그 결과가 대형 그림판에 옮겨졌고, 여기서 거대한 세계지도가 서서히 모습을 드러내기 시작했다.

책을 저술하고 지도를 제작한 알 이드리시도 훌륭하지만 15년 가까이 후원하고 독려해서 그것을 가능케 한 것은 시칠리아의 왕 Roger II세의 공이다. 역사적으로 그리스와 로마, 비잔틴과 아랍인의 통치로 이어진 시칠리아는 1072년 루지에로의 큰 아버지 로베르 기스카르에 의해 100여 년에 걸친 아랍인의 통치를 끝냈다. Roger II세는 이교

Tabula Rogeriana by Konrad Miller 출처 en.wikipedia.org

도에게 관용을 베푸는 정책을 추진하여 당시 시칠리아를 지중해 세계에서 가장 문화적 역동성이 넘치는 왕국으로 바꾸었다. 왕국의 행정은 그리스어와 라틴어, 아랍어 필경사를 고용했고 예배 의식은 아랍어로 낭송했다. Roger II세가 통치하던 시칠리아는 실로 중세 콘비벤시아가 펼쳐지던 세계였다. 콘비벤시아Convivencia는 가톨릭교, 이슬람교, 유대교가 하나의 통치 아래 평화롭게 공존하는 것을 뜻하는 스페인어다. 그가 죽은 후 짧은 콘비벤시아는 끝이 났다. 시칠리아에서 무슬림들은 대부분 추방되었으니 말이다.

낭만적인 성품이 엿보이는 제목의《머나먼 땅으로 떠나는 즐거운 여행의 책》The book of pleasant journeys into faraway lands이라는 그의 다른 저서는 아프리카 사헬 지역을 여행하면서 쓴 여행기다. 황금 무역으로 돈을 번 그 지역의 화려한 통치자의 생활은 물론이고 융성한 상업과 활발한 교역에 대해 객관적으로 서술했다고 한다. 구경이라도 하고 싶어 검색해 봐도 이런 제목을 가진 책은 없다. 역시 이슬람 학자의 책은 접하기가 쉽지 않다.

알 카라윈 대학은 현재도 여전히 모로코 학문의 중심 역할을 하고 있으며, 지금은 학부도 많아졌다. 1956년 독립한 이후에는 여학생의 입학도 허용하고 있다. 1088년에 설립한 이탈리아의 볼로냐대학보다 약 229년이나 앞선다. 대학 건물의 중심에는 약 22,000명의 참배자들을 수용할 수 있는 모스크가 있으며, 14개의 출입문을 통해 내부를 들여다볼 수 있다. 대학 건물 탓인지 분수가 있는 아름다운 넓은 뜰에는, 젊은 청년들이 많았다.

알 아타린 마드라사

아타린 마드라사Al-Attarine Madrasa는 옆에 있는 알 카라윈 대학을 지원하기 위해 1323년에서 1325년 사이에 지어졌다. 다른 지역에서 페즈로 상경하는 학생들을 위해서였다. 알 카라윈 대학의 분교인 셈이다. 근처에 있는 향수와 향신료 시장인 알 아타린에서 이름을 따왔다. 이름만큼 아름다운 마드라사는 기념비적인 건축물을 많이 건립한 마리니드 왕조에서 건축한 가장 아름다운 건축물로 손꼽힌다. 풍부하지만 조화로우며 과해 보이지 않는 아타린의 장식은 이후 이슬람 건축에 나타나는 장식미술의 표본이 된 건축물이다. 예를 들어 이슬람 세계의 가장 아름다운 건축물을 본떠서 꾸민 카사블랑카의 하산 2세 모스크에는 하늘이 보이는 자동개폐창을 비롯하여 무카르나스 아치 등 알 아타린 마드라사를 오마주한 부분들이 많다.

이슬람 건축의 장식은 현란함이 상상을 넘어선다. 스투코와 모자

Al-Attarine Madrasa

Al-Attarine/무카르나스 아치

이크는 말할 것도 없으며 모로코에서는 풍부한 나무를 이용한 나무
장식이 극도의 세밀함을 요구하는 경지까지 발달하였다. 형태는 자
연에서 가져왔지만 시간이 지날수록 추상적이고 암시적인 애매모호
함을 추구한 장식은 의미는 상관없이 양식화되었다. 현란함과 애매
모호함의 극치가 알 아타린 마드라사에 있다. 중정에는 하늘이 열려
있으며 현란함이 가득하지만 내부는 밝고 단정하다. 화재 예방을 위
해 아랫부분은 스투코와 타일 모자이크로 장식하였다. 아랫부분의
모자이크는 보석이 박혀있다고 해야하나, 동감이 느껴지는 기법은
페르시아 이스파한의 모스크에서 전통적으로 표현한 기법이다.

Al-Attarine Madrasa

Morocco

05

카사블랑카

페즈에서 카사블랑카로 간다. 페즈에서 아침 8시에 출발한 버스는 1시가 다 되어 카사블랑카에 도착했다.

12세기에는 베르베르족 마을로 이름이 Anfa였던 카사블랑카(하얀 집)에는 지금도 도시 곳곳에 옛 이름이 남아있다. 내가 묵었던 낡은 호텔 이름도 Anfa, 도시의 중심을 가로지르는 도로 이름도 Anfa Boulevard다. 1468년 포르투갈이 마을을 파괴했으며 1515년에는 도시를 건설하고 카사블랑카로 이름을 바꿨다. 1755년 대지진으로 버려졌다가 18세기 알라위 왕조 때 도시를 재건하고 아랍식 이름인 A-ddar Al Baidaa로 바꿨으나 유럽인들이 정착하면서 프랑스인들이 많아지자 메종 블랑슈(하얀 집)라고 불렀다. 1907년 프랑스가 점령하였으며, 프랑스 보호령일 때부터 모로코 제1의 항구도시였다.

카사블랑카는 프랑스 보호령 시절 프랑스 건축가 Henri Prost가 디자인하였다. 개발된 뉴 타운의 정부 빌딩들과 호텔들은 안달루시아와 모로코 건축양식에 20세기 초에 유행하던 아르데코 양식을 융합해 표현했다. 기본 형태를 축으로 하는 직선적이며 실용적인 아르데코 양식은 알고 보면 북아프리카의 카스바나 일반 주택들의 형태와도 일맥상통한다.

하산 2세 모스크 광장은 8만 명을 수용할 정도로 넓고, 대서양으로 열려 있어 인기가 높은 곳이다.

카사블랑카
제1부두 앞 거리

바다로 열린 사원

제1부두와 가까운 Anfa호텔에 체크인 후 택시를 타고 하산 2세 모스크로 달려갔다. 평소에는 걸어서도 갈 수 있는 거리지만 택시가 필요했다. 오후 2시에 있는 모스크의 내부를 볼 수 있는 가이드 투어가 필요했기 때문이다. 평일에는 9시, 10시, 11시, 오후 2시라고 되어있지만 요일마다 달라지기도 한다. 모로코에서 제일 큰 도시답게 꼬리를 무는 수많은 택시에는 빈 택시가 하나도 없다. 합승을 하는 수밖에 없지만 합승마저 수월하지는 않다. 간신히 합승으로 모스크까지 태워준 드라이버는 도착하자, 10 디르함을 더 달란다.

하산 2세 모스크 Hassan II Mosque

8만 명을 수용할 수 있다는 대서양으로 열린 광장은 얼마나 넓은지

달려본 사람만 안다. 혼이 빠지게 달려가니 지하 1층에 있는 매표소의 스페인어와 프랑스어 가이드의 매표는 이미 끝난 상태, 그러나 아직도 영어가이드 줄에는 줄이 이어져 있다.

모로코에서는 대다수의 사원이 비무슬림의 출입을 금지한다. 하산 2세Hassan II 모스크는 비무슬림이 공식적으로 주어진 시간에 내부를 볼 수 있는 흔치 않은 사원이다. 거친 파도가 치는 대서양에 면한 사원은 북아프리카에서 가장 큰 모스크로 세계에서는 3번째로 규모가 크다. 마라케시 쿠투비아 모스크의 탑을 닮은 녹색 띠를 한 미나렛의 높이는 약 210m에 달한다. 크고 높은 것에는 관심이 없는데도 불구하고 몇 년 전 하산 2세 모스크를 처음 봤을 때 눈이 휘둥그레질 정도로 아름다웠다. 외부에서 예배드리는 사람들을 위해 실외에 만들어진 키블라의 모자이크 장식도 아름다웠지만 외부로 확장된 회랑의

하산 2세 모스크 외부로 확장된 회랑

하산 2세 모스크 외부장식

연속된 아치가 만들어낸 그늘과 햇빛의 바리에이션은 종려나무가 있
는 오아시스 마을의 현상처럼 느껴졌다. 무관심한 방문이었으나 갑
자기 확 끌리는 경험을 했던 곳이다.

　지하에서 표를 사면 스티커를 붙이고 가이드를 따라 모스크 내부
로 들어간다. 처음 봤을 때 가장 인상적이었던 외부로 확장된 회랑은
지하를 통해 각각의 장소로 연결시켜 주는 역할을 한다. 신발은 비닐
봉지에 넣어 다니지만, 궁금했던 내부를 볼 수 있다는 것만으로도 행
복했다. 2만 5,000명을 수용할 수 있는 내부의 일부는 유리 바닥으로
돼 있다. 천장은 페즈의 알 아타린 마드라사의 안뜰과 똑같은 조각장

식의 디자인을 차용했다. 거대한 하늘을 들여놓을 수도, 하늘이 안 보이게 닫을 수도 있는 자동개폐식 천장이다.

1993년 완공한 하산 2세 모스크는 프랑스 건축가인 미셸 핑소Michel Pinseau가 설계한 이슬람 사원이다. 하산 2세(현 모하메드 6세의 아버지)가 국민 성금을 모아 약 7년에 걸쳐 건축했으며 학교와 도서관, 박물관과 여러 개의 공중목욕탕까지 갖춘 매머드 복합 단지다. 모스크는 이슬람 건축양식에 안달루시아 양식과 모로코의 전통 건축양식을 결합하여 디자인했는데 모로코 전국에서 모인 6,000여 명의 장인들이 합

하산 2세 모스크 내부 천장의 자동 개폐창

세했다. 건물의 일부는 절벽에 붙이고 바다 쪽으로 확장해서 디자인한 모스크는 시선의 방향에 따라서 바다에 떠 있는 느낌을 받기도 한다. 모로코의 마라케시나 라바트, 페즈 등의 건축물은 물론, 튀니지, 다마스쿠스, 알제리, 코르도바 등 이슬람 세계의 가장 아름다운 사원들의 특징들을 융합했다. 어떤 건축물의 장식과 기법을 차용했는지 알아내는 것도 이 사원을 감상하는 훌륭한 방법이다.

〰〰〰〰〰〰〰〰〰〰〰〰〰〰〰〰〰〰〰〰〰〰〰〰

사람이 떠난 자리에 신이 돌아온 교회

사크레 쾨르 Sacre-Coeur

지도를 보면서 목적지를 찾아 가는 것이 길을 익히는데 도움이 되지만, 시간이 조급하면 택시를 타게 된다. 지도를 보여줘도 프랑스 말로 길을 물어도 소통이 어려운 것이 사크레 쾨르 Casablanca Cathedral다. 현지에서는 사라진 이름 이거나 관심 밖의 건축물 같았다. 그래도 큰 공원의 모퉁이에 있는지라 찾아간 곳, 아이들은 뜰에서 뛰어놀며 축구공이 유리창을 깨트려도 아무도 저지하지 않는다. 사내아이들은 여전히 공을 찬다. 십자가도 없는 흰색으로 칠해진 건물이지만 형형한 기운은 살아있다.

교회는 프랑스 건축가 Paul Tournon(1881~1964)의 작품이며 산업화 이전의 중세 고딕 양식을 새롭게 부흥시킨, 19세기에 유럽에서 유행

하산 2세 모스크 내부 천장의 자동 개폐창

하산 2세 모스크 지하 세면장

하산 2세 모스크 공중 목욕탕

한 네오고딕 양식이다.

1930년에 세워진 교회는 1956년 모로코가 독립하고 교회의 기능이 멈춘 후, 지금은 문화센터 역할을 하고 있다. 오랫동안 방치한 건물이건만 고결한 느낌은 종교사원에서 내가 느끼는 상식적인 감정을 넘어선다. 내부를 밝히는 등 하나 없는 건물로 들어가면 천장은 뜯겨나가고, 바닥은 낡았으며, 구석에는 먼지가 공처럼 돌아다닌다. 네오고딕 양식의 간결한 집중력이 표현된 휑한 공간에는, 아이러니하게도 사람이 떠나간 그 누구도 돌아보지 않는 신의 집에, 신이 돌아와 거주하고 있는 느낌이다. 햇빛만으로도 세상에서 가장 매혹적인 스테인드글라스가 여행객을 기다린다. 화려하고 웅대한 건축물은 눈을 현혹시키지만 폐허에서 받은 감동은 기억 속에 깊숙하게 저장된다. 숨을 멎게 하는 그 공간이 내 마음으로 들어와 버렸다.

카사블랑카 제1 부두(Port 1) 길 건너편 근처에는 근대식 대포가 배치되어 있는 나지막한 성채가 보이는데, 메디나다. 요새로 오르는 입구의 계단과 성채 등이 근래 복원이 되었다. 마라케시나 페즈의 메디나처럼 사람 냄새가 풀풀 나는 골목은 아니지만, 여행객을 위한 인포메이션 센터나 저렴한 레스토랑들이 몰려있다. 늦은 오후, 이제 장사를 시작하려나보다, 레스토랑의 조리대와 연결된 테이블에는 갓 튀겨진 작은 물고기들이 보인다.

Casablanca Cathedral

Casablanca Cathedral 내부

카사블랑카 메디나

카사블랑카 성채

영화《카사블랑카》

세월이 흐른다 해도

영화 카사블랑카를 처음 봤을 때가 언제인지 모를 만큼 고전이지만 글을 쓰기 위해 꼼꼼하게 분석하면서 다시 보니 무심코 지나갔던 장면들이 새롭다. 특히 예전에는 들리지 않았던 대사들이 목걸이에 꿰인 보석처럼 잘 들린다. 강해 보이지만 상처를 많이 받아 마음의 문을 쉽게 열지 않는 '릭'으로 분한 험프리 보가트Humphrey Bogart는 극 중에서 여자는 물론, 남자라도 매료될 만큼 섬세하고 쿨한 매력을 발산한다. 연극무대의 연기처럼 다소 과장되어 보였던 잉그리드 버그만Ingrid Bergman의 연기는 그녀 외에 다른 배우를 생각할 수 없을 정도이다. 정작 카사블랑카라는 지리적, 시대적 배경은 그 시절에 찍은 영화들이 그렇듯이 여러 개의 무대로 꾸며진 스튜디오처럼 보였다. 카사블랑카는 많은 돈을 투자한 것도, 당시 유행하던 필름 누아르도 아니다. 전쟁과 사랑, 그리고 이별과 재회라는 전형적이고 뻔한 판에 박힌 영화의 공식만을 이용하여 만든 영화다. 1942년 마이클 커티즈Michael Curtiz 감독 작품이다. 2022년 재개봉 되었다.

제2차 세계대전 중인 1940년 6월 13일은 독일이 프랑스로 진군하여 5주 만에 파리를 점령한 날이다. 영화에서 그날은 두 연인이 어쩔 수 없이 헤어진 날이다. 약 4주 후 7월 11일에 독일은 그들의 괴뢰정

권인 비시Vichy프랑스 정부(필리프 페탱을 원수로 한)를 세웠으며 연합군에 의해 파리가 해방된 1944년 9월까지 존재했다. 비시정부는 프랑스 남쪽 오베르뉴지방의 비시를 임시수도로 정하였다. 비시정부는 그나마 독일에 대한 협력은 때에 따라서는 소극적인 편이어서 덕분에 연합군이 프랑스령 북아프리카를 쉽게 점령할 수 있었다. 이러한 애매모호한 비시정부의 태도는 독일의 분노를 불러와 나치는 비시정부의 임시수도가 있는 남부 프랑스에 보복을 가하고 모든 권한을 빼앗았다.

전쟁의 한복판에 있던 유럽사람들에게 미국은 유일한 희망이었으며 미국행 비행기를 타려면 리스본이 유일한 통로였다. 출국비자를 구할 수 있는 곳은 비시정부의 행정이 미치는 모로코의 카사블랑카였다. 파리에서 기차를 타고 마르세이유에 도착하면 그곳에서 배를 타고 지중해를 건너 알제리 오랑에 도착한다. 오랑에서 출국비자를 구할 수 있는 카사블랑카로 가기 위해 열차나 자동차를 이용하거나 또는 걸어서 이동한다. 당시 북아프리카는 비시프랑스 정부의 세력권이었다. 즉 독일군이 강압적으로 할 수는 없지만 비시정부에 압박을 가할 수는 있는 곳이었다. 그러므로 보장된 자유는 아니지만 숨통을 틔울 수 있는 비시정부 프랑스령인 북아프리카로 프랑스인을 비롯한 유럽 난민들이 모여들었다. 그렇다고 비자를 쉽게 구할 수 있는 것도 아니었으며 대부분 끝없이 기다려야만 했다. 비자는 값을 매길 수 없을 만큼 천정부지로 치솟았으며 비시정부와 연결된 거간꾼들이 돈이 많은 고객을 상대로 활개를 치던 시기였다. 출국비자를 매개로 카사블랑카는 당시 세상에서 가장 활발한 경제활동이 이루어지던 곳이었다.

영화는 카사블랑카에 있는 떠들썩한 릭의 카페가 주 무대이다. 모로코 스타일의 흰색 아치와 기둥으로 꾸며진 내부에는 비자를 얻으려는 사람과 배로 밀항하려는 사람과 거간꾼들이 얽혀있다. 그야말로 내로라하는 부호들이 와서 돈자랑을 해봐야 소용이 없다. 다이아몬드는 한낱 돌덩어리에 불과하며 현금이 최고인 곳이다. 요주의 인물을 살피기 위해 독일군도, 비시정부의 경찰도 들락거린다. 이곳에서 다시 만난 연인은 사랑을 확인하지만 이별은 어쩔 수 없는 수순이다. 영화는 카사블랑카와 함께 재생산되는 음악과 시간이 지날수록 각인되는 대사를 남겼다. 'Here's looking at you kid '

잉그리드 버그만/ 출처 다음영화   릭의 카페/ 출처 다음영화

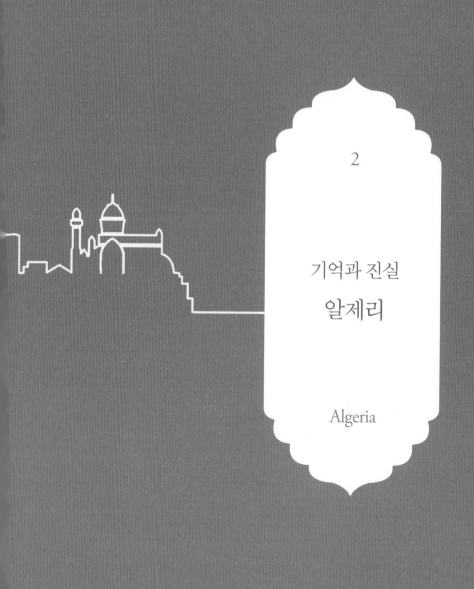

2

기억과 진실

알제리

Algeria

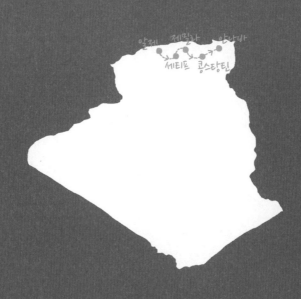

알제의
바다

알제의 그 덧없는 밤에

사람들이 거의 빠져나간 알제Alger 공항에는 여행객으로 보이는 사람들은 모두 붙잡혀있다. 환전 후 돌아오니, 경호 차량이 올 때까지 기다리란다. 비자가 있는데 언젠가는 보내 주겠지 생각하면서 넋 놓고 기다리는데, 반나절쯤 지났을까, 시내 호텔까지 호송을 맡은 경찰 두 명이 나타난다. 뜻하지 않은 경험이지만 경찰에 의해 통제되는 국가의 첫 인상은 낯설고 반갑지 않다.

바다로 열린 도시

알제 시내로 들어가는 길, 공항에서 반나절 붙잡혀 있지 않았다면, 카뮈가 뛰어들었던 우당탕거리는 알제 바다의 파도소리를 들을 수 있었건만, 여름은 아니지만 카뮈가 묘사했던 알제의 한낮을 놓쳤다. 카뮈는 그가 나고 자란 알제의 자연이 주는 풍요로움을 사랑했으며 아름다운 언어로 살아 꿈틀거리는 청춘과 대비시켰다. 그의 글은 읽을 때마다 심장이 뛴다. 캄캄한 야밤이 되기 전에 공항을 빠져나온 것만으로도 고마워, 이국적인 노을을 바라보며 알제의 바닷가를 포기했다. 아우성치듯 밀려오는 붉은 구름, 알제는 황혼마저도 열정에 넘친다. 검은 새떼들마저 쏟아져내린 어둠 속에서 비행을 한다. 알제에서 나고 자란 피에 누아르(알제리에 이주한 프랑스 또는 유럽 이주민)인 카뮈는 그의 작품《결혼·여름》에서 알제에서 황혼이 내리면서 밤이 오는 시각을 이렇게 표현했다.

공항에서 호텔로 가는 길,
알제의 황혼

'한동안 이 고장에서 멀리 떨어진 곳에 가 있을 때면 나는 이곳의 황혼을 마치 어떤 행복의 약속이나 되는 것처럼 상상한다. 도시를 굽어보는 언덕 위에는 (…) 나는 그곳에서 초록빛 지평선 위로 검은 새떼들이 푸드덕 날아오르는 광경을 그려본다. 돌연히 태양이 비워놓고 떠난 하늘에는 무엇인가가 긴장을 풀고 있다. 붉은 구름 떼들이 기지개를 켜다가 마침내는 대기 속으로 사라져 버린다. 단번에 삼라만상을 다 삼켜버리는 밤, 도대체 알제의 그 덧없는 저녁은 그 무슨 비 길데 없는 것을 지니고 있는 것일까?'

도시의 빌딩들은 바다와 한 몸처럼 모두 바다를 향해 있다. 낡았지만 발코니가 바다를 향해 있는, 백 년 가까이 됐을 법한 아르누보 양식으로 지어진 낭만적인 호텔은 길만 건너면 해변에 닿을 것 같은 거리이다. 철재로 만든 우아한 발코니는 프랑스 점령 시절, 모든 이권을 이용하여 부를 축적했던 프랑스계이거나 피에 누아르Pied Noir(알제로 이주한 유럽인)들이 특권을 누리던 상징이다. 부푼 꿈을 안고 알제리로

알제의 밤

숙소 호텔에서 바라본 아름다운 알제 항구

이주한 어떤 이는 원주민의 밀밭을 갈아엎고 와인 농장을 만들었다. 본토로 수출한 와인은 대박을 터트렸음은 물론이다. 프랑스 식민지 시절 그 많던 포도 농장들은, 현재는 프랑스 통치 이전의 곡물을 생산 하던 땅으로 서서히 돌아가고 있다고 한다.

　중앙 우체국Grande Poste d'Alger이 보이는 광장에서는 꿀 축제가 파장 이다. 꿀을 판매하는 알제리의 처녀를 또렷이 쳐다보며 북아프리카 의 기운 같은 꿀을 구입했다. 산책하는 길에 들린 슈퍼의 물건들을 보 면, 여느 땅의 사람들처럼 이들도 먹고, 쓰며, 살아간다. 불 밝힌 호텔 옆 공원에는 간간히 청소년들도 보인다. 늦은 밤 노점의 꽃집에서 쓸 쓸하지만 아름다운 붉은 장미 한 송이를 샀다. 1월, 알제의 그 덧없는 밤에 뭐라도 해야 하는 것처럼-.

알제중앙우체국

~~~~~~~~~~~~~~~~~~~~~~~~~~~~~~~~~

붉은 수염의 총독과 해적

바르바로사Barbarossa

알제는 페니키아인과 베르베르인들이 살았던 도시였으며 기원전 146년 이후 로마시대에는 이코시움Icosium으로 불렸다. 지중해의 상업 중심지로 발달했던 알제는, 중세 베르베르 왕조인 알모하드왕조 (1121~1269) 때 번영을 누렸다. 16세기에는 그 유명한 해적 바르바로사가 통치를 했던 곳이다.

해적 역사에 나타난 최초의 기록은 이집트의 기록으로, 기원전 14세기 히타이트와 동맹을 맺은 동부 지중해의 해적들이 키프로스를 공격했다고 한다. 그때도 해적의 뒷배를 봐준 것은 히타이트라는 강한 나라가 있었다. 기원전 7세기에는 아시리아왕의 원정대가 인도, 중국, 근동과의 해상 무역을 막은 그 지역의 해적들과 전투를 벌였다.

역사적으로 지중해의 큰 해안 마을들은 거의 해적들의 본거지였거나 피난처였다. 특히 크레타는 해적의 이상적인 은신처로 고대 세계에 명성을 떨쳤다. 쏟아져 들어온 물건들은 자연스럽게 시장을 형성하고 시장을 찾아 큰 도시가 생겼다.

지중해는 기원전 67년 그나이우스 폼페이우스Gnaeus Pompeius(기원전 106~기원전 48)에 의해 해적이 소탕된 후, 로마가 붕괴될 때까지 평화로웠다. 콘스탄티노플의 동로마는 천년에 걸쳐 동부 지중해에 영향력을 미쳤지만 12세기말부터 국력이 쇠진하면서 13세기말에는 해적들의 활동이 활발해졌다. 급기야 에게해는 해적들의 피난처가 된다. 동로마의 사략선 해적이었던 조반니 데 로 카보는 해군사령관이 되었다가 1278년 로도스의 군주가 된다.

사략선이란 나포면허장을 부여해 준 댓가로 수익금 일부를 환수하는 해적선을 말한다. 대부분 국가나 군주가 사략선의 배후이다. 13세기 초부터 유럽에서는 일반적인 의미의 해적이 아닌, 사략선 해적이 등장했다. 사략선은 상시로 정부나 국가가 힘을 들이지 않고도, 적의 선박을 괴롭힐 수 있는 장치로 자국민은 공격하지 않는다. 이들은 국가의 이익과 종교를 앞세워 무자비한 약탈에 나섰다. 전쟁이 끝나면 그들은 영향력 있는 부호나 귀족으로 거듭나거나 자연스럽게 일반 해적으로 둔갑하는 것은 물론이다. 대표적인 사략선 해적으로 유명한 사람은 영국의 국민적 영웅인 프랜시스 드레이크Francis Drake(1543~1596)와 잔혹한 행위로 카리브해를 주름잡아 죽을 때까지 대부호로 군림했던 헨리 모건Henry Morgan(1635~1688)이 있다. 헨리 모건은 바다보다는 도시를 약탈하여 부를 쌓았다. 그가 얻은 최대의 성과는 1671년 초 파나마 약탈이다. 잔혹 행위 혐의로 본국(영국)에 송환되었을 때도 그는 처벌은 고사하고 사면에 기사 작위까지 받았으며 4년 뒤에는 자메이카의 부총독 자리까지 올랐다. 부동산 투자로 쌓아 올린 재산이 작용했음은 물론이다. 1688년 8월 25일 53세로 사망할 때까지 대부호로 군림했던 모건은 해적의 잔혹한 행동을 상징하는 인물로 기록된다. 그는 영화《캐리비안의 해적》등 해적 영화의 모티브가 되었다.

한편 15세기 오스만의 콘스탄티노플 함락으로 오스만이 동부 지중해 해역을 지배하면서 지중해는 바르바리 해적들의 영역이 되었다. 이들은 해군업무를 담당하는 오스만제국의 신하였으며, 무슬림에 대립하는 기독교 세력과 때로는 정치적 조약에 따라 대상을 바꾸어가며 해적행위를 수행하였다. 심지어는 해적의 수장이 지방 영주가 되는 경우가 많았으며 그들의 해적행위는 그 지역 정치 경제의 중심이었다.

16세기 바르바리 해적의 영웅으로 오스만 출신인 바르바로사Barbarossa* 형제가 있다. 형 바르바로사는 젊은 시절에 도자기를 배에 선적하는 일을 하다가 해적질을 하는 로도스 기사단에게 붙잡혀 갤리선의 노예로 일했던 경험이 있었다. 그는 석방된 후, 1505년경 튀니스 술탄의 도움으로 튀니스에서 가까운 라굴레트La Goulette 항구

• 이탈리아 어로 붉은 수염이라는 뜻이다.

하이르 앗딘

에서 사략선원으로 출발했다. 이후 형제는 알제 술탄의 요청으로 튀니지를 떠난다. 그들은 1516년 알제 술탄을 죽이고 형 바르바로사(1474~1518)는 알제 술탄이 되었다. 15세기 말 무렵 스페인에서 추방당한 무슬림과 유대인들은 바르바로사의 도움을 받아 안전하게 북아프리카로 이주할 수 있었다. 형 바르바로사는 이들로부터 바바(아버지) 우르지라는 존칭으로 불렸다. 형 바르바로사와 동생 하이르 앗딘Khayr ad-din은 오스만의 셀림 1세(재위 1512~1520)에게 알제리를 바쳤으며, 알제리는 오스만 튀르크의 간접 통치를 받는 지역이 되었다. 이때부터 알제는 해적의 근거지로 이름을 떨친다. 바바 우르지Baba Oruç가 스페인과의 싸움에서 전사하자 그 뒤를 이은 동생 하이르 앗딘(?~1546)은 오스만 군대의 보호아래 공식적인 알제 총독이 된다. 하이르 앗딘은 오스만 튀르크의 제독으로 신성동맹 연합군과의 프레베자 전투를 승리로 이끌었다. 프레베자Preveza 해전은 1538년 9월 28일 그리스의 북서부에 있는 이오니아 해 프레베자 근해에서 교황 바오로 3세가 조직한 로마 가톨릭 연합군(베네치아 공화국, 스페인, 제노바 공화국, 몰타 기사단과 교황령)과 오스만 함대 간에 벌어진 전투로 오스만 제국이 승리한 해전이다. 이로써 오스만 제국은 1571년 레판토 해전에서 패배하기까지 약 30년 이상 지중해의 패권을 장악했다.

1830년, 프랑스의 샤를 10세는 알제리가 오랫동안 해적들의 주요 근거지였다는 점을 구실로 알제리를 점령했고, 오스만의 총독은 프랑스군에 항복했다. 이때부터 프랑스의 알제리 식민 통치는 1962년 7월 3일 독립할 때까지 132년간이나 지속되었다.

지중해 남쪽이자 아프리카 북부에 위치한 알제리 땅은 프랑스 본국 영토와는 남과 북으로 대칭을 이루고 있다. 왜 프랑스는 굳이 이곳을 모로코나 튀니지처럼 보호령이 아닌, 대대손손 프랑스인들이 살 수 있는 프랑스 영토로 만들려고 했을까? 알제리는 아프리카에서 제일 넓은 영토에 지중해와 사하라(석유와 천연가스 생산)를 품고 있다. 이 땅이 프랑스의 영토가 된다면 당시 북아프리카와 서아프리카에 많은 식민지를 가지고 있던 프랑스에게 지중해는 그들의 바다가 되는 것이다. 프랑스는 거대한 식민 제국 건설의 거점으로 알제리가 필요했던 것이다.

2차 세계대전 당시 알제는 프랑스의 임시수도였다. 독일이 프랑스를 점령하자 프랑스 남쪽의 비시정부는 나치의 꼭두각시가 되었다. 북아프리카 식민지도 비시정부의 세력권이었다. 영국이 홀로 나치를 상대로 수세에 몰리는 상황에서도 프랑스는 아무것도 할 수 없는 처지가 되었다. 온 유럽을 휩쓴 히틀러는 이탈리아의 북아프리카 전선을 돕기 위해 북아프리카에 합류한다. 영국은 이집트 수에즈 운하를

뺏기지 않으려고 끝까지 버틴다. 1942년 11월 미국의 참전으로 북아프리카 연합군의 횃불작전은 개시됐고, 그 당시 프랑스는 나치의 협력자였다. 전투가 벌어지기도 전에 비시 프랑스군은 북아프리카 해안에 상륙하는 미군함정을 공격했다. 프랑스의 포격으로 그날 함정에서 싸워보지도 못하고 죽은 미군과 영국군은 무려 3,000여 명이나 되었다. 이 사건 이후 프랑스는 연합군에 합류하기로 결정했다. 드골이 이끄는 자유프랑스군은 피에누아르와 알제리와 모로코, 튀니지의 청년들로 구성되었다. 참전의 댓가인 독립의 약속은 프랑스 본토를 탈환하고 전쟁이 끝난 후 지켜지지 않았다. 프랑스가 제일 먼저 취한 조치는 식민지의 원주민에 대한 식민정책을 강화하는 것이었다.

어둠으로 감춰진 도시건만 바다로 열려있는 도시의 실루엣은 감추

알제리 충혼탑

지 못한다.

오른쪽 해안 언덕 위에 독립기념탑(충혼탑)의 모습이 이들의 살아있다는 의지를 말해 주는 것 같다. 알제리에서 나고 자란 프랑스인 3세인 알베르 카뮈는 그의 에세이에서 달팽이 같은 파리(파리는 방사형 도시이다)와 바다로 모든 것이 열려 있는 수평적인 알제를 비교했다.

알제 시내는 바다로 난 광장을 중심으로 규모가 큰 건축물이 들어서 있고, 양 옆 도로에는 흰색으로 칠해진 프랑스풍의 건물들이 즐비하다. 알제리의 해안도시에는 고유의 베르베르 문화와 페니키아와 로마, 오스만 튀르크 등의 외래문화가 혼재한다. 하지만 알제에는 132년, 프랑스 통치 시절의 흔적만이 지문처럼 남아있다.

알제의 새벽

프랑스 구역과 카스바Casbah

카스바로 가는 길 입구에 모스크 하나가 복원 중이다. 복원 조감도를 보니 비잔틴과 이슬람 양식의 모스크다. 1436년 건축되었으며 오스만 시절에 증축한 케차우Ketchaoua 모스크는 프랑스의 지배 당시인 1845년에 성당으로 개조되었고 1962년 알제리가 독립하자 모스크로 환원되었다. 케차우 모스크 주변에는 시장을 비롯한 그 유명한 알제의 카스바가 있다.

카스바는 로마 시절의 폐허 위에 알모라비드 왕조(1050~1147) 때 세워졌다. 바르바리 해적들에 의해 증축될 당시에도 총독의 관저와 중요 시설이 있는 언덕 위에 있는 카스바는 도시의 핵심 구역이었다. 프랑스 점령 이전의 카스바에는 모스크를 비롯한 종교 건축물이 총 166개였다.

1830년경, 식민화가 시작될 무렵 프랑스는 바다와 가까운 낮은 구역을 프랑스(유럽) 구역으로 정하고 본국과 유럽에서 많은 이민자들을 받아들였다. 집과 땅을 잃고 쫓겨난 알제리인들은 카스바가 있는 높은 구역인 언덕으로 몰려들었다. 아름다운 궁전과 사원, 낭만적인 골목이 있는 카스바는 서민들의 언덕이 되었으며, 알제리 독립전쟁(1954~1962)의 본거지가 되었다.

시장에서 카스바로 이어지는 골목길로 접어들었다. 카뮈가 태어나서 자란 알제 벨쿠르 지역의 가난과 그가 울분을 토했던 카빌리의 비

복원중인 케차우 모스크 조감도

Algiers cathedral 1899 프랑스 통치시절의 케차우 모스크 출처 en.wikipedia.org

참함과 영화 알제리 전투에서 본 알제 카스바의 빈한함이 골목에서 느껴졌다. 1962년 독립한 후 주민들의 가난을 수습할 시간이 모자란가 보다. 어찌해야 할지를 몰라 잠시 서성이다가 더 이상 진입하지 못하고 골목길을 돌아서 나왔다. 132년의 식민통치와, 혁명이라고 부르는 독립으로 이어진 알제리 전투의 깊은 상처가 만든 트라우마는 한동안은 잊을 수 없는 형벌과도 같은 기억이다. 밤에 도착하여 호텔에서 바라본 알제 항구는 불빛이 많아서 아름다워 보였다. 전기가 풍부하다는 증거였고 교역이 많아 항구는 쉴틈이 없어 보였다. 석유와 천연가스를 비롯한 지하자원이 많아 유럽을 상대로 교역량은 많다고 했다.

더 가난한 카빌리

베르베르인이 모여 사는 카빌리Kabylie는 알제 동쪽, 지중해와 가까운 국립공원이 있는 아름다운 산악지역이다. 베르베르 왕국인 누미디아 왕국(기원전 202~기원전 46)의 일부였다. 그러나 아름다운 카빌리는 프랑스 통치기간 동안 알제리 가난의 대명사가 되었다.

'이곳은 세상에서 가장 아름다운 지역에 속하지만 그 한복판에 자리한

• 프랑스 역사학자 뱅자맹 스토라Benjamin Stora는 '알제리는 독립전쟁의 희생자의 숫자를 150만 명이라고 주장한다. 하지만 프랑스 학자들은 알제리인 사망자를 25만 명에서 50만 명 정도로 추정하고 있다. 그럼에도 불구하고 이 놀라운 숫자는 충격적 규모를 말해준다.' 라고 하였다.

빈곤보다 더 절망적인 광경은 없다.'

'다른 사람들처럼 나 또한, 새벽녘에 구름처럼 피어난 개양귀비가 핏자국처럼 흩어진 산기슭에서 늦봄이 넘쳐흐르는 카빌리를 보았다. 그런 날이면 비스듬히 비치는 태양 빛 속에서 황새들이 날아올랐고, 산이 높아짐에 따라 황새들 대신 시끄럽게 지나가는 까마귀 떼와 냇물 위를 느릿하게 맴도는 독수리들이 나타났다. 카빌리는 그 성급하고 혼란스러운 봄에 가장 아름다웠다. 그러나 나는 여기서 그때를 떠올리고 싶지 않다. 비참한 카빌인 거지의 고통으로 일그러진 얼굴과 고름이 가득한 눈 뒤편에 꽃으로 덮인 산과 구름 한 점 없는 하늘, 황홀한 저녁 같은 배경을 그리는 일은 각자의 상상에 맡기겠다.'

'우리가 원한을 품고 이 기사를 쓰게 된 것이 아님을 알기 바란다. 카빌인들 자신도 원한을 품고 있지 않다. 모든 이가 고통을 이야기했을 뿐 증오에 대해서는 아무도 말하지 않았다. 게다가 증오는 힘을 필요로 한다. 생리적 궁핍이 어느 정도를 넘어서면 증오할 힘조차 사라진다.'

'카빌리를 생각할 때 떠오르는 것은 꽃이 만발한 찬란한 계곡도 도처에 흐드러진 봄도 아니다. 푹 패인 볼에 해진 옷을 입고 내내 나를 조용히 따라다니던 눈먼 이들과 불구자들의 행렬이다.'

위의 글은 카뮈가 1939년 6월 5일부터 15일간 프랑스 일간지 알제레퓌블리캥에 쓴 기사 중의 일부이다.

가난하고 인구밀도가 높은 카빌인은 해외 이민으로 가난을 헤쳐나갔다. 그들의 노동으로 벌어들인 돈은 카빌인들의 가난을 어느 정도

넓을 수 있었다. 하지만 프랑스의 경제상황이 나빠지면서 카빌인들의 고용 이민도 거부당했으며 그들은 그들의 아름다운 땅에 빈곤과 함께 갇혀버렸다. 엉겅퀴 줄기가 기본 식량이 되는 당시의 상황을 카뮈는 '카빌리의 비참'이라는 단어로 표현했다.

알제리 출신 유명인들 중에 카뮈나 이브 생 로랑, 앙리꼬 마샤스처럼 알제리에서 태어난 피에 누아르들과 달리 지네딘 지단[*](1972~)과 이자벨 아자니는 알제리 혈통이다. 특히 두 사람은 알제리 카빌리 지역에서 프랑스로 이주한 이민자의 집안 출신이다. 이자벨 아자니[**](1955~)의 부모는 제2차 세계대전 후 파리로 이주했으며 지단의 부모는 알제리 독립전쟁 후인 1968년 이주했다. 지단은 1972년 마르세유에서 출생했다.

아프리카 성모교회

제국주의자들은 언제 어디에서나 식민지 땅의 가장 아름다운 위치에 그들의 신이 거처하는 안식처를 건축했다. 주택들이 옹기종기 모여 있는 언덕배기를 오르니 알제만이 보이는 언덕 위에 아프리카성모교회 Basilique Notre-Dame D'Afrique(1858~1872)가 서 있다.

서정완의 책《알베르 카뮈와 알제리》(288쪽)에 의하면 알베르 카뮈는 수아르 레쀠블리캥지에서 일하던 마지막 며칠 동안 아프리카 성모

* Zinedine Zidane 프랑스 축구감독, 전 축구선수
** Isabelle Adjani 프랑스 영화배우

아프리카 성모 교회

교회 근처의 큰 집에서 지냈다고 한다.《카빌리의 비참》이라는 11개의
기사를 쓰고 신문사를 그만둘 수밖에 없었던 시기였다. 아침저녁으
로 교회가 서 있는 언덕에서 알제만을 바라보았을 그의 모습을 상상
한다. 교회는 프랑스 점령시절, 14년에 걸쳐 지었으며 1872년 라비즈
리 추기경에 의하여 완성되었다. Jean-Eugene Fromageau가 디자인한
건물은 둥근 돔이 돋보이는 로마와 비잔틴 양식의 건축물로 모래색
의 외관이 따뜻하다. 외관을 두른 푸른색 타일은 마그레브와 지중해
를 상징하는 패턴이다. 가톨릭 교회가 무슬림 마을과 골목길을 맞대

아프리카의 성모

교회 언덕에서 보이는 알제만

고 있다니, 현재도 예배를 드리는 교회로 이슬람 국가에서 흔치 않은 경우이다. 교회 안의 성모상은 1876년 교황의 허락을 얻어 '아프리카의 여왕'이 되었다. 북아프리카풍의 장식으로 꾸며진 제단 앞에 서 있는 작고 소박한 성모가 아름답다.

영화《알제리 전투》

프랑스는 1830년 오스만 튀르크가 약해진 틈을 타 알제리를 침공했다. 그리고 천천히 알제리를 잠식하면서 1870년 완전히 병합했다. 프랑스는 알제리를 행정적으로 프랑스의 소유로 만들었으며 영구적으로 제2의 프랑스로 만들 계획이었다. 그들은 팍스 프랑스를 꿈꿨는지도 모르겠다. 프랑스는 자국민 및 유럽인들을 알제리로 이주시켜 산업 전반에 걸쳐 프랑스화 시켰으며 원주민의 토지는 빼앗아 이주 유럽인들 소유의 와인 농장을 만들었다. 유럽과 프랑스 이주민들을 '피에 누아르Pieds-Noirs'라고 불렀다. '피에'는 발이라는 뜻으로, '피에 누아르'는 발만 검은 사람들이란 말로 침략자, 혹은 식민지산업의 경영자가 신은 장화나 부츠 혹은 신발을 뜻하는 말이다. 즉 지배계급을 상징한다. 피에 누아르들은 거대 농장의 주인이 되었고 산업 일선의 경영자가 되었다. 원주민 삶의 터전이었던 평지에는 프랑스구역 (유럽구역)을 만들어 발코니가 달린 아파트와 사무실을 만들었다. 유명인으로 이브 생 로랑과 카뮈도 피에 누아르였다. 피에 누아르들이 모두 풍요로운 부를 누리고 살았던 것은 아니었던 것으로 보인다. 카뮈의 작품에 나타난 그는 찢어지게 가난한 지역인 알제 벨쿠르지역에서 살았다. 평지에서 쫓겨난 알제리인들은 언덕의 카스바에 방을 달아내어 삶을 의탁했다. 우민화정책으로 알제리인들에게 교육은 불필요했으며 대부분의 알제리인은 하루살이 일꾼으로 전락했다. 프랑스의 침공 이후 알제리로 이주한 피에 누아르의 인구는 1950년경 100만 명에 육박했다고 한다. 당시 1,000만 명이 조금 모자란 알제리 인구의 10분의 1이니, 피에 누아르 한 명이 알제리 사람 열 명의 노동 착취로 부를 얻은 셈이다.

2차 세계대전 때 독일군은 프랑스를 그들의 식민지로 만들었다. 그들의 자랑스러운 나라를 빼앗긴 것이다. 본토의 남부에는 비시프랑스정부가 있었지만 독일의 괴뢰정권일뿐이었다. 하지만 프랑스는 이미 프랑스화한 알제리와 보호령인 모로코와 튀니지가 있는 북부아프리카가 있었다. 자유프랑스 정부(임시정부)는 자유프랑스군에 들어가도록 모로코와 튀니지, 알제리 젊은이들에게 입대를 독려했다. 알제리인에게는 전쟁에서 승리하면 독립하게 해 주겠다는 단꿈을 약속했다. 침공 이후 100년이 넘어가는 통치기간을 접을 수 있는 유일한 기회를 잡기 위해 알제리 젊은이들은 앞다투어 입대했다. 그러나 1945년 5월 8일 2차 세계대전이 끝난 날 시작된 수만 명을 죽인 세티프 대학살은 고향으로 돌아온 젊은이들을 망연자실하게 만들었다. 용맹한 프랑스군이었던 알제리인들은 독립을 위해 알제리민족전선에 뛰어들었다.

영화는 유엔마저 외면한 막다른 길에 있었던 알제리인들의 독립전쟁(1954~1962)을 배경으로 하고 있다. 132년간의 외로웠던 식민 지배를 1954년에서 1957년, 아니 1962년까지의 투쟁으로 대신했다.

1966년 알제리에서 제작했으며 이탈리아 감독 질로 폰테코르보가 감독을 맡았다. 세계의 주요 영화제에서 많은 수상을 낸 영화이지만 프랑스에서는 1966년 베니스에서 개봉 이후 5년 동안 상영을 금지했던 영화이다. 대한민국은 2009년이 되어서야 개봉되었다. 마치 다큐영화를 보는 것처럼 감정이 배제된 담담한 전개가 이성적이다. 엔리코 모리코네의 음악은 영화의 심장소리를 듣는 것처럼 영화에 생명감을 더 해 준다. 과장된 표현인가?, 'Algiers November 1'와 The Battle of Algiers March ', 꼭 한 번 들어보길 추천한다.

그야말로 리얼다큐멘터리

영화는 알제의 카스바에서 대부분 촬영했으며 카스바와 그 아래의 시장까지 촬영 당시 모습과 크게 다르지 않다. 알제 카스바는 이슬람의 아랍세력이 북아프리카를 침공했을 당시 바다가 내려다보이는 언덕에 넓게 자리 잡은 성채이며 주거 생활구역이었다. 외관은 담백하지만 내부는 화려한 이슬람 양식으로 꾸며진 카스바는 술탄이나 총독이 거주했다. 프랑스 침공 이후 서민들은 평지의 프랑스(유럽) 구역에서 쫓겨나 언덕의 카스바로 모여들었다. 가난과 함께 더욱 오밀조밀한 골목으로 나뉜 카스바는 알제리 독립운동의 산실이며 은신처이자 전쟁터의 한복판이 되었다. 카메라는 뉴스를 찍는 것처럼 사람들을 훑고 지나간다. 카스바로 들어선 앵글은 완만한 계단 위를 달려 집 안채의 남루함을 가감 없이 보여준다. 하늘이 커튼처럼 내려와 있으며 서로 마주 볼 수 있는 발코니가 있는 카스바는 이들의 안식처이다.

화면은 흔들리고 포커스는 지쳐간다. 영화는 종군기자의 카메라 앵글에 다름 아니다. 출연자는 공수부대 대령 매튜를 연기한 프랑스 배우 쟝 마틴과 몇 사람을 제외하고는 당시 시위에 참가했던 주민들이 대거 출연했다. 1962년에 독립하고 영화를 1966년에 제작했으니 그야말로 리얼다큐멘터리 영화다. 프랑스의 알제리 우민화 정책은 130년 가까운 세월 동안 알제리를 무력한 민중들로 바꿔놓았다. 하지만 민족해방전선(FLN)의 노력과 독립에 대한 열망은 불량배, 매춘,

마지막 지도자 알리의 눈빛

마약쟁이, 사기꾼, 술주정뱅이들로 가득한 카스바를 변화시켰다. 남녀노소를 가리지 않고 독립운동에 동참하는 모습은 그냥 아리다. 프랑스가 촌충(조충, tapeworm, 기생충)이라고 경멸했던 민족해방전선의 우두머리들이 사라진 날, 알제리인들은 모두가 그들의 우두머리가 되었다. 1960년 시작된 대규모의 민중봉기는 1962년까지 계속되었고, 그들은 결국 독립을 쟁취했다.

카스바 계단

제밀라의
바람

고대 비잔티움 도시 세티프

알제에서 동쪽으로 306킬로미터, 해발 1,100미터의 고원도시 세티프Setif에 도착했다. 도시로 들어오는 길에 보이는 규모가 큰 고대 비잔티움의 성벽과 잔해들이 마중을 나온 것 같다. 기원전 225년 누미디아 사람들이 세운 도시 세티프는 로마시대 Nerva 황제(96~98)에 의해 퇴역 군인들이 정착하는 도시가 되었으며 비잔틴시대에는 북아프리카에서 매우 중요한 비잔틴 도시였다.

세티프는 가까운 제밀라를 보기 위해 오는 곳이지만, 길가에 거의 방치된 유적들과, 공원의 한쪽에 나란히 세워놓은 라틴어가 새겨진

세티프 시내의 모스크

세티프 비잔틴 성벽

돌기둥과 비문들을 보면 예사로운 도시가 아니다.

분수에 세워진 누드조각상의 가슴을 조심스럽게 만지며 청춘을 태우지만 강렬한 눈빛을 가진 거리의 청년들, 이 오래된 도시는 종교적인 감성으로 지나온 세월을 오롯이 안고 있는, 뭔가 은밀한 긴장감을 안겨주고 있었다.

세티프 학살

1945년 5월 8일은 독일이 2차 세계대전에서 항복을 선언한 날이다. 그날 세티프의 시민들은 프랑스가 승리한 전쟁이었으므로 전승을 축하하며 거리로 쏟아져 나와 알제리의 독립을 외쳤다. 무리에는 알제리 국기를 흔드는 14살 소년 Saal Bouzid가 있었다. 프랑스 경찰은 알제리 국기를 내리라고 경고했지만 소년은 아랑곳하지 않고 국기를 흔들었다. 경찰이 쏜 총알은 소년의 머리를 꿰뚫었다. 흥분한 시위대를 향하여 프랑스 경찰은 폭력을 행사했다. 시위대는 폭도로 변해 피에 누아르(유럽 정착민)들을 살해했다. 이에 프랑스군은 박격포와 수류탄을 민간인 마을에 퍼부었으며 알제리인들은 붙잡혀 참수당하거나 고문을 받았다. 폭격과 학살은 2주 동안 지속되었다. 5월 22일까지 아이들을 포함해 희생당한 알제리인들의 숫자는 약 45,000여 명에 달했다. 계곡과 구덩이에 시체가 매장됐으며 도시는 폐허가 되었다. 종전 후 많은 식민국가들은 독립했으나 프랑스의 식민정책은 오히려 강화되었다. 인도차이나 전쟁(1946~1954)과 알제리 전쟁이 일

프랑스 통치시기에 세워진 동상

세티프 거리

세티프 박물관

어난 이유이다.

알제리 청년들은 자유프랑스군에 들어가 프랑스의 해방을 위해 싸웠다. 이들은 이미 1차 세계대전에서 프랑스군으로 복무하여 프랑스를 위해 많은 피를 흘린 후였다. 그러나 전쟁에서 고향으로 살아 돌아온 알제리 참전 용사들은 결국 알제리의 독립을 위해 1954년 결성된 알제리민족해방전선(FLN)에 뛰어든다. 세티프 대학살은 결국은 독립으로 이어지는 알제리 독립전쟁(1954~1962)의 기폭제가 된 셈이다.

독립 후, 알제리 이주민들이 많이 살고 있는 프랑스와는 여전히 교류가 활발하다. 그러나 프랑스 대통령은 프랑스의 알제리 지배에 대해 부당하고 잔인했다고 말했지만 공식적인 사과는 아직까지 한 번도 없었다.

바람도 머물다 갈 것 같은

제밀라 유적

제밀라Djemila는 세티프에서 동북쪽으로 약 49킬로미터에 위치한다. 굽이굽이 나지막한 언덕 사이를 가다 보면 어느 순간 능선들 사이로 돌기둥과 돌무더기들이 보이기 시작하면서 마치 신기루처럼 분지형의 아담한 도시가 나타난다. 로마 시대 농산물을 교역하는 도시였던 제밀라는 사람들이 떠나고 도시가 황폐해진 후에 긴 시간 동안 주변에 거주하는 사람들이 적었던 까닭으로 도시의 형태가 그대로 남아있다.

인적이 드물어서였을까, 바람도 머물다 갈 것 같은 드넓은 언덕바지의 폐허는 우후죽순 서있는 묘비처럼 여행객을 맞이한다. 당시 퀴쿨Cuicul이라고 불렀던 이곳은 96~97년 경에 로마 군인들의 숙영지였다가 차츰 도시화가 되어 퇴역 로마 군인들이 현지 여인들과 결혼하여 정착했던 도시였다. 4세기에는 재정비되었지만 435년 반달족

제밀라 유적

의 침입과 지진으로 피해를 입었다. 사람들의 기억에서 사라진 옛 도시에 찾아온 이슬람인들은 이곳에 'Djemila'라는 멋진 이름을 붙여 주었다. 아랍어로 '아름다운 곳'이란 뜻이다.

작은 박물관 안에 전시된—로마에서는 볼 수 없는—로마시대의 모자이크들이 놀랍다. 현대에도 사용하는 패턴들과 이슬람 아라베스크 문양이라고만 여겼던 식물 문양들의 원형이 모자이크 안에 고스란히 보석처럼 박혀있다. 수많은 유물들이 국외로 유출이 되었고 밀반출이 어려운 유물들은 이 땅에 이렇게 남아있다.

예민하고 꽤나 꼬장꼬장한 모습을 한 로마 제20대 황제 셉티미우스 세베루스와 황후 율리아 돔나*의 두상도 볼 수 있다.

제밀라는 2세기에 만들어진 전형적인 로마의 도시 형태가 나타난다. 도시의 중심에는 Cardo maximus라고 부르는 남북으로 곧게 뻗은 도로가 있다. 도시의 중요한 건물들은 이 도로를 축으로, 지형을 이용하여 동쪽으로 넓게 자리 잡았다. 북쪽에서 중심 도로를 따라 남쪽으로 내려가면 왼쪽으로 도시의 허브인 포룸이 위치한다. 로마의 도시에서는 정치와 종교는 물론 먹고사는 도시의 모든 활동이 포룸을 중심으로 해서 일어난다.

Cardo maximus를 따라 남쪽으로 내려가면 제밀라의 중심인 셉티미우스 세베루스Septimius Severus 신전이 나타난다. 신전 앞은 광장이다. 지나가는 구름도 한 번씩 들르는 곳, 포석이 아름다운 넓은 광장은 사통팔달 모든 길의 중심에 있다. 빛이 포석 위에서 춤이라도 추는 것인

• 황후 Julia Domna는 시리아 홈스 출신이다.

The Macellum

Septimius Severus 황제

Julia Domna 황후

도시의 중심을 남북으로 가르는 cardo maximus

박물관 뜰에 있는 문양

제밀라의 명문

가, 누구라도 이곳에서는 한참 동안 머물곤 한다. 로마의 20번째 황제인 셉티미우스 세베루스(재위 193~211)의 통치시기는 분명 로마가 기울어져가는 시기였다. 그럼에도 불구하고 그는 잔혹했지만 단호하고 매우 유능했으며, 모든 면에 지식이 풍부하여 유연한 통치술을 발휘한 황제로 평가받는다. 그는 호화로운 건축물과 인물 조각품을 많이 만들었다. 로마의 모든 통치자들 중에서도 손꼽히는 건축가였으며 자신의 모습을 가장 많이 남긴 황제였다. 그의 건축물은 로마는 물론 시리아와 제밀라, 그리고 그의 출생지인 리비아의 렙티스 마그나(현재 트리폴리)까지 폭넓게 건축되었다. 로마의 역사에서 가장 잔인한 폭군 중의 한 명으로 알려진 카라칼라[*]가 그의 아들이다.

도시에는 로마의 신들을 위한 신전도 있지만 그리스도인들을 위한 크고 작은 교회와 세례당 등이 생각보다 많다. 여러 개의 문은 서로 연결이 되어 있는가 하면 단독으로 사용하는 문도 있는데 디자인이 전부 다르다. 단순한 디자인도 있으며 문 윗부분에 문양을 넣어 장식한 문도 있다. 날아갈듯한 느낌의 트윈아치 형태는 간결하고 모던하다.

카라칼라 황제의 방문을 기념하여 세운 코린트식의 카라칼라 개선문은 제밀라에서 가장 웅장하고 화려해서 눈에 띄는 성문이다. 그의 욕망만큼이나 제밀라에서는 어울리지 않게 화려하다. 그의 문 옆에는 직물시장이 있다. 거리와 시장은 물론 욕장과 주택의 지하 구조까지 그대로 남아있어 2천 년 전 로마 시대 영화 속 장면이 금방 튀어나올 것 같다. 세베루스 신전의 동쪽으로는 작지만 극장으로서의 기능

• Caracalla(재위 198~217) 로마 황제

비너스 신전

욕장 유적

Septimius Severus 신전

세례당

cardo maximus가 보이는 아치   트윈 아치

septimia 신전   제밀라 유적

The Arch of Caracalla   conoque 분수

제밀라 극장

이 지금도 가능할 것 같은—보존상태가 너무 좋은—아름다운 극장이 있다. 3,000석 정도 작은 규모의 극장은 산의 지형을 이용한 설계로 도심에서는 보이지 않는 아늑한 구조가 빼어나다. 시선에서 벗어난 구조 때문인지 반원형의 극장 좌석의 돌들이 그대로 남아 있는 것은 놀라운 일이다. 극장이 있는 언덕 아래로는 제밀라를 위한 사람들이 사는 마을이 빼곡하게 있었을 것이다.

사멸한 도시 제밀라와 알베르 카뮈

카뮈는 프랑스 이주민 3세로 알제의 가난한 지역인 벨쿠르지역에서 1913년 태어났다. 그는 알제대학 철학과에서 스승인 장 그르니에를 만났다. 잠시 기자 생활을 했으며 1939년에는 알제리 카빌리를 취재한 기사를 쓰기도 했다. 그의 작품들은 대부분 그가 태어난 알제리를 무대로 한 작품들이다.

사랑한 고향과 혈통 사이에서 심각한 갈등을 겪고 성장한 카뮈는, 알제리민족해방전선의 독립투쟁에 힘을 보태달라는 요구에 "알제리 무장 항쟁 8년 전쟁에 하나의 불의를 바로잡기 위해 또 다른 불의를 저질러서는 안 된다."라고 말했다. 그 후 쏟아진 알제리인들의 비난에 대하여 "나는 정의의 편에 선다. 그러나 만일 정의와 내 어머니 사이에서 선택을 해야 한다면, 나는 어머니를 택한다."라고 말했다. 카뮈는 자신의 어머니가 프랑스로 이주해서 살기를 원했지만 카뮈의 어머니는 알제리에서 여생을 보내기를 원했다. 카뮈가 갈등한 이유는 프랑스인으로 알제리에서 계속 살고자 했던 어머니였던 것으로 보인다. 어느 쪽의 손도 들어주지 않은 카뮈의 태도는 본국 프랑스에서도, 태어난 고향 알제리에서도 환영받지 못했다. 하지만 알제리의 행복을 누구보다도 간절히 원했던 카뮈는 고향의 독립을 보지 못하고 1962년 알제리가 독립을 쟁취하기 2년 전인 1960년 자동차 사고로 사망했다.

알제에서 먼 거리에 있는 사멸한 도시, 제밀라를 좋아했던 알베르 카뮈는 그의 에세이 《제밀라의 바람》에서 제밀라의 인상을 이렇게 적었다.

'제밀라에 가려면 많은 시간이 걸린다. 그곳은 그저 지나가다가 발길을 멈추거나 거쳐 가는 도시가 아니다. 이 도시는 다른 어느 곳으로 인도해주지 아니하며 어느 고장을 향하여 트여 있지도 않다.'

'그곳은 다만 갔다가 되돌아오게 마련인 곳이다. 그 사멸한 도시는 길고 꼬불꼬불한 어떤 길의 끝에 있다. 모퉁이를 돌 때마다 제밀라가 곧 나타날 것만 같은 느낌을 주기에 그 길은 더욱 멀게 여겨진다. 마침내 드높은 산들 사이에 푹 파묻힌 빛바랜 어느 언덕배기에 마치 백골들의 숲과도 같은 누르스름한 그 잔해가 솟아나 보이게 되면 제밀라는 오로지 단 하나 우리를 세계의 고동치는 심장부로 인도해 줄 수 있는 저 사랑과 인내의 교훈의 상징과도 같은 모습을 띤다.'

'바람 속에서 나는 저 돌기둥이며 저 아치며 만지면 따뜻한 저 포석이며 황량한 도시를 에워싸고 있는 빛바랜 산들이다.'

제밀라 Croscinius 교회 유적

콩스탕틴,
세상에서 가장 드라마틱한 도시

한 번도 본 적이 없는 도시

제밀라에서 두 시간 차로 이동해 콩스탕틴Constantine에 도착했다. 세상의 도시 중에 이렇게 드라마틱하게 생긴 도시가 또 있을까? 암석으로 된 고원(해발 640미터)에 분명 세상에서 한 번도 본 적이 없는 도시가 숨을 쉰다.

아랫마을과 윗마을은 터널을 파서 가까워지고, 절벽 위의 다리는 암석 위의 마을들을 연결한다. 협곡에는 고풍스럽거나 세련된, 소박하거나 현대적인 여러 개의 다리가 협곡을 교차하며 걸려 있고 시각적으로 한참은 내려가야만 닿을 수 있는 좁은 협곡 아래에는 루멜 강이 세차게

콩스탕틴은 세상에서 가장 드라마틱한 도시이다.

흐른다.

높낮이를 달리하며 설치시기에 따라 아름답게 협곡에 걸려있는 다리들은 이 도시의 백미이다. 그중 제일 눈에 띄는 것은 1912년 프랑스 기술자 Ferdinand Anodine이 설계한 Sidi M'Cid 다리다. 도시의 Oued Rhumel 북쪽과 벤바디스 대학 병원을 이어주고 있다. 175미터의 높이로 교각이 없는 사장교이며 시디엠시드는 유명한 이슬람 선지자의 이름이다. 성문의 모습을 본뜬 양쪽 지주 탑의 디자인은 도시를 더욱 고전적인 이미지로 장식해 준다.

도시의 절벽은 테라스로 만들어 시민들이 휴식처로 활용된다. 산

책을 나온 사람들은 대부분 남자들이다. 이슬람 문화는 일반적으로 알려진 것보다 장점이 많지만, 가장 마음에 들지 않는 것이 있다면 거리를 다니는 사람들은 대부분 남성들이다. 어쩌다 발견한 연인의 모습, 여자와 눈이 마주쳤다. 화들짝 놀라서 긴 렌즈를 내려놓을 뻔했다. 멀리서 카메라로 응시하는 내 눈을 뚫어지게 바라보는 것만 같다.

호텔 앞 광장에서 걸어갈 수 있는, 1835년 건축한 Palace of Beys는 콩스탕틴에 거주했던 오스만 튀르크의 총독이 거주했던 곳이다. 벽에 그려진 프레스코화는 아흐메드Hadj Ahmed Bey(재위 1826~1837)가 총독으로 부임하기 전 이스탄불과 북아프리카 여행을 다녀와서 그렸다

Sidi M'Cid 다리

콩스탕틴

도시의 테라스, 콩스탕틴

콩스탕틴 시내

08 콩스탕틴, 세상에서 가장 드라마틱한 도시

고 한다. 그림은 그 사람의 상태를 가장 잘 들여다볼 수 있는 매개체이다. 그림을 그렸을 당시의 그를 생각하니 입가에 미소가 번진다. 많이 손상된 그림이 안타깝다. 총독의 취향이 고스란히 남아 섬세한 이슬람식 궁에 자유롭고 낭만적인 기운을 부여했다.

에미르 압달 콰디르Emir Abd al-Qadir 모스크

광장 근처에 한 곳이 보일 뿐, 콩스탕틴에서는 모스크를 많이 볼 수 없었다. 다음날 오전 화창한 날씨와 함께 에미르 압달 콰디르Abd al-Qadir 모스크를 방문했다. 압달 콰디르(1808~1883)는 1830년 프랑스의 알제리 점령이 시작될 무렵부터 프랑스 침략에 저항한 종교 지도자이며 독립운동가이다.

그는 오랑을 근거지로 삼아 카빌리 독립군을 이끌었다. 모스크는 압달 콰디르를 기념하기 위해 1994년 완공한 현대식 모스크다. 외부는

에미르 압달 콰디르 모스크

모자이크/내부 기둥

모스크 입구 측면

08 콩스탕틴, 세상에서 가장 드라마틱한 도시

165

에미르 압달 콰디르 모스크

에미르 압달 콰디르 모스크 파사드

흰색의 가는 기둥들이 섬세한 이슬람 안달루시아 문양의 아치가 연결된 파사드를 받치고 있으며 오스만 튀르크 양식을 닮은 양쪽 두 개의 미나렛은 높지만 경쾌하다. 모스크가 큰 규모임에도 웅장하거나 사람 위에 군림해 보이지 않는다. 안으로 들어가면 빛과 스테인드글라스의 향연이 펼쳐지며, 볼륨이 큰 기둥은 모자이크로 장식하였다. 특히 기둥의 모자이크에 비치는 빛의 향연은 마치 보석이 빛나는 것처럼 오묘하기 짝이 없다. 돔의 내부 장식은 따뜻해 보이는 타피스트리 느낌으로 천장을 장식하였다.

나오는 길, 뒤통수에 울려 퍼지는, 입을 모아 코란을 낭송하는 소리가 들린다. 코란을 낭송하는 소리가 아이들 목소리 같았지만, 이곳은 이슬람 대학교인 Emir Abd al-Qadir University로도 유명하다.

누미디아 왕국의 수도 Cirta

기원전 600년 경 페니키아인들이 로열 시티로 만들었던 도시 세와Sewa는 베르베르 왕국인 누미디아(현재 알제리)가 점령하여 키르타Cirta라고 불렀다.

세 번의 포에니 전쟁(기원전 264~기원전 146)에서 로마가 승리를 얻은 것은 베르베르 왕국인 누미디아의 동맹 덕분이었다. 로마는 포에니 전쟁에서 협력한 누미디아의 전설적인 왕 마시니사Masinissa(기원전 238~기원전 148)의 죽음 후 누미디아를 여러 족장에게 나누어 주었다.

결국 누미디아는 로마의 보호령이 되었으며 이후 키르타는 카이사르 (기원전 100~기원전 44)와 아우구스투스(재위 기원전 27~기원후 14)에 의해 자연스럽게 로마의 식민지가 됐다.

308년 아프리카 총독인 도미티우스 알렉산데르Lucius Domitius Alexander는 아들을 인질로 보내라는 막센티우스*황제의 명령을 거부하고 키르타에서 반란을 일으켰다. 군대의 지지를 받아 황제를 칭한 그는 311년 경 막센티우스와의 전쟁에서 패배한 뒤 살해되었다. 막센티우스가 파괴한 이 도시를 313년 콘스탄티누스**대제가 복구했으며 그의 이름을 붙여서 Constantine이라고 부르기 시작했다. 5세기에는 반달족의 침입이 있었으나 다시 복구되었으며, 698년 이곳을 침략한 아랍 세력은 기독교 도시였던 콩스탕틴을 무슬림 도시로 만들었다. 중세에는 상업이 발달하여 번영했으며 1529년 오스만 튀르크의 점령 후에는 총독이 거주하는 곳이 되었다. 1770년에서 1792년까지 부임한 총독 살라는 이 도시를 장식하고 이슬람 스타일의 건축물을 많이 건설해 우리가 보는 이슬람풍의 건물들은 대부분 당시의 것들이다. 1826년에 총독이 된 Hadj Ahmed Bey는 1830년 침략한 프랑스 군에 격렬하게 저항했으나 결국 1837년 10월 13일 프랑스에 점령되었다.

도시의 중심 베나세르Bennacer광장 앞에는 호텔들이 들어서 있고 그

* Maxentius(재위 306~312) 로마제국 사두 정치 시대에 이탈리아와 스페인, 아프리카를 통치한 황제
** Constantinus(재위 306~337) 313년 기독교를 공인한 로마 황제

주변으로 화려한 우체국 건물과 법원 등 정부 기관들이 있다. 묵었던
Hotel ibis Constantine 옆에는 노보텔도 있고 가까이에는 키르타 호텔
도 있다. 호텔 구역에 현지인은 드나들지 않는다. 태생이 도도하고 우
아하며 경쾌한 모습의 도시는 어쩐지 회색빛이다.

1837년 10월 13일 프랑스군의 콩스탕틴 점령 출처 en.wikipedia.org

Algeria

09

성 아우구스티누스의 도시,
안나바

빛바랜 알제리의 항구도시 안나바Annaba의 언덕에서 보이는 지중
해는 왠지 둔중한 듯 탁한 청록빛을 띠고 있다. 상처투성이지만 정신
을 놓치지 않은 처연한 느낌이다. 알제리에서 어찌 안나바뿐일까. 그
래도 삶이 계속되는 것은 미소만큼 아름다운 청춘이 있기 때문이다.
지중해의 언덕에서 그들은 사랑을 꿈꾼다.

지중해를 바라보는
알제리의 청춘

햇살만이 춤을 추는 히포의 폐허

안나바는 알제리의 북동쪽 코너 해안에 위치하여 튀니지 국경과 가깝다. 어지러운 시절에는 북아프리카 해적의 본거지였던 곳이었지만 지금은 지하자원이 풍부한 알제리의 광석을 수출하는 중요한 항구이다. 이곳에 기원전 12세기 티레Tire의 페니키아인들이 거주하기 시작했으며 항구로 발전했다. 기원전 로마의 속주가 된 후에는 히포Hippo Regius라고 불렀다. 로마인들은 튀니지에 있는 Hippo Diarrhytus*와 구분하기 위해 베르베르 왕국의 누미디아 왕이 거주했던 이 도시에 왕(Royal)을 뜻하는 레기우스Regius라는 이름을 뒤에 붙였다. 430년 반달 족의 왕 가이세리크**는 바다를 건너 북아프리카로 진군했으며 히포를 장악했다. 히포는 당시 고대 북아프리카에서 카르타지 다음으로 번성했던 도시였다. 그 당시 기독교 역사상 가장 중요한 교부 중의 한 사람인 아우구스티누스Saint Augustine가 주교로 근무했던 곳이다. 반달 왕국은 439년 카르타지를 점령할 때까지 히포를 수도로 삼았다. 점령자 가이세리크는 훈족(Hun族, 흉노족)의 영웅인 아틸라와 비견되는 인물이다. 그는 로마의 가장 중요한 빵바구니였던 북아프리카 속주를 한달음에 빼앗아버렸다. 이는 쓰러져가던 서로마의 돈줄을 끊어 서로마의 몰락을 재촉한 원인이 되었다. 히포는 534년에서

• Bizerte 튀니지 북부의 도시이며 아프리카 최북단 도시
•• Gaiseric(재위 428~477) Vandal 왕국의 왕

698년까지 동로마 제국의 통치를 받았지만 태생적으로 활발한 도시의 기능은 멈추지 않았다.

제밀라는 눈으로 보면서도 믿어지지 않을 만큼 로마시대 유적지가 그대로 펼쳐져 있다. 황폐화한 고대도시에 사람이 떠나간 후 그 누구도 수백 년 동안 관심을 기울이지 않았으며, 사나운 세월은 고대도시를 잊게 만들었다. 거기에 더해 주변의 낮은 인구 밀도와 산악지형의 맑고 건조한 기후는 유적지를 보관하는 데 최적의 조건이었다. 제밀라에 비해 대도시였던 히포는 풀이 우거진 벌판에 멀리 보이는 기둥을 제외하고는 온전한 것이 거의 없다.

햇살만이 춤을 추는 인적 없는 유적지를 들어서면, 지금 봐도 규모가 큰 하수시설 위로는 넓적한 돌을 덮어 길을 만들었다. 유적지를 덮어버린 풀 틈 사이로 조금만 눈여겨봐도 당시의 섬세한 모자이크의 흔적을 찾을 수 있다. 모자이크 타일이 붙어있는 곳은 부유한 상인의 거실일 수도, 마을의 귀족들이 드나드는 시설 좋은 대욕탕일 수도, 철학자의 서재일 수도 있었으리라.

길 옆으로 규모가 큰 주택들의 잔재가 허리만큼 남아있는 곳에 상상이라도 할 수 있도록 벽돌 위에 Quanties des Villas라고 붙여 놨다. 많은 시설이 들어섰던 넓은 대지 아래로는 아직도 여전히 기능을 발휘하는 넓고 튼튼한 하수시설이 지나간다. 돋을새김 한 선명한 스페이드 문양이 유난히 많다. 스페이드 문양은 서양 카드인 트럼프에 나타나는 대표적인 문양이다. 동양에서 서양으로 넘어간 카드는 프랑스 루이 14세 시대에 발전한 서양의 대표적인 놀이문화였다. 카드에

안나바 폐허

스페이드 문양이 있는 폐허

안나바

서 가장 중요한 문양인 스페이드는 칼을 상징하는 것으로 권력을 지닌 황제와 왕을 의미한다.

잘 정비된 길을 따라, 차분하면서도 격조 있는 고대도시를 상상하며 가다 보면, 기둥들이 제법 자리를 보전하고 있는 광장이 나온다. 깊게 새겨놓은 라틴어 비문은 글자의 형태를 알아보기가 힘들 만큼 세월의 흔적을 보여준다. 이오니아식과 코린트식을 혼합한 전형적인 로마시대의 기둥들은 얼마 전에 석공이 새겨놓은 것처럼 세로로 난 홈도 선명하다.

유적지의 언덕 오른쪽에는 히포의 유적들을 수장해 놓은 소박한 박물관이 있다. 박물관 뜰에는 고대 유물은 아니지만 1845년부터 사용하며 지금도 사용하는 풍채도 듬직한 우물이 인상적이다.

1845년 우물

기둥

히포박물관의 문양

고대 기독교에 사상의 옷을 입힌 성 어거스틴Saint Augustine

고대 폐허의 끝, 언덕 위에 하얀색 교회가 서 있다. 성 어거스틴 성
당Basilique de Saint Augustine이다. 어거스틴(354~430)은 베르베르인으로
당시 로마의 점령지였던 북아프리카 누미디아의 Thagaste(현재 알제리의
Souk-Ahras)에서 태어났다. 어거스틴은 당시만 해도 신비적이고 원시적
이었던 계시 종교인 기독교에 고대 그리스의 철학자 플라톤*의 사상
을 접목시킨 교부 철학자**이다. 당시 대도시였던 카르타지에서 수사

• Platon(기원전 427~기원전 347) 서양 철학의 기초를 마련한 그리스 철학자
•• 초기 그리스도의 교리를 체계화하는데 기여한 학자를 '교부'라 불렀다. 교부들
　의 노력으로 확립된 기도교 교리와 사상을 교부철학이라 한다. 고대 그리스철
　학과 초기 그리스도교의 융합의 시도였다.

유적지에서 보이는 성 어거스틴 교회

Augustine의 무덤

학을 공부하고, 로마에 가서 수사학을 가르쳤던 그는 늦은 나이인 33세에 기독교에 귀의하기 전까지 마니교에 빠져 살았다.

그는 이론이 없던 헤브라이즘에 헬레니즘의 옷을 입혀 플라톤의 이데아를 신으로 대체시킨 이론을 바탕으로, 로마의 기독교는 중세 기독교 철학이 발전할 수 있는 토대를 만들었다.

고대 기독교에 사상의 옷을 입힌, 최초의 로마시대의 교부였지만 그가 활동했던 곳은 북아프리카의 히포였다. 히포 교구(Annaba)의 주교였던 어거스틴은 반달족에게 히포가 함락되기 전 430년 8월, 그의 나이 75세에 죽음을 맞이한다. 반달족은 아우구스티누스의 대성당과

성 어거스틴 동상

도서관을 제외한 히포의 모든 것을 파괴했다. 8월에 죽음을 맞이한 그를 세상사람들은 지금도 달력으로 기린다. 'August!'

아우구스티누스 대성당은 1900년 준공하였으나 1914년에야 봉헌되었다. 초대교회 교부철학의 중심지였던 안나바는 '성 어거스틴'을 만날 수 있는 세계에서 유일한 곳이 아닐까. 교회 밖 동상 안에는 성인의 한쪽 팔의 유골이 들어 있다.

카르타고의 기억
튀니지

Tunisia

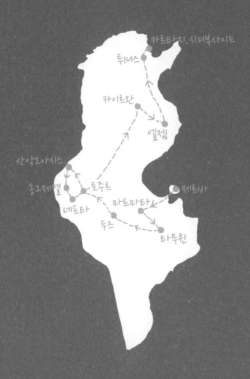

카르타고, 시디부사이드
튀니스
카이르완
엘젬
산악오아시스
몽그레멜
토주르
마트마타
제르바
네프타
두즈
타투윈

오디세우스 신화의 섬,
제르바

튀니스공항에서 아침 7시 15분발 제르바행 비행기를 타기 위해 새
벽부터 분주했다. 1월이어서 여름 바캉스 기분까지는 아니지만 마음
은 들떠 있었다. 하지만 하늘은 회색빛의 구름이 가득하고, 앉자마자
도착하니 비까지 슬슬 뿌린다. 하늘에서 본 제르바의 모습은 높낮이
도 없는 평평하고 넓적한 회갈색의 넓은 판지가 바다 위에 가볍게 떠
있는 모습이다.

제르바Djerba는 북아프리카에서 가장 큰 섬이며, 튀니지의 동쪽 옆
구리 가베스만에 위치한다. 그리스 지리학자 스트라보Strabo(기원전 64
년경~기원후 23년)의 기록에 의하면 제밀라의 옛 이름은 Meninx였다. 섬
이 생각보다 넓고 육지와는 가까운 편으로, 바다와 땅의 고도 차이가
별로 없다 보니 육지까지 다리가 아닌, 로마 둑길로 불리는 로마시대

에 만들어진 오랜 옛길로 연결되어 있다. 아랍어와 프랑스어를 공용
어로 사용하는 튀니지의 다른 지역과는 다르게 예로부터 베르베르인
들이 많이 살고 있어, 공용어로 베르베르어를 사용한다. 여행자를 위
해 개발된 해안선에 리조트들이 길게 바다를 끼고 앉아 있는데 그 길
이가 20킬로미터에 달한다. 여름 성수기가 아닌 이상, 제르바에 오면
숙소 걱정은 없을 것 같다.

지중해의 섬이 다 그렇지만, 제르바는 신화 속 오디세우스와 특히 무
시무시한 해적 드라굿의 이야기까지, 많은 사연을 품고 있다.

~~~~~~~~~~~~~~~~~~~~~~~~~~~~~~~~~~~~~~

오디세우스의 변명

오디세우스Odysseus는 호메로스의 작품《오디세이아》의 주인공으
로, 트로이 전쟁을 승리로 이끈 영웅이다. 그가 트로이 전쟁이 끝나고
아내와 자식이 있는 고향 이타카*를 향해 가던 중에 도착한 땅이 로
토파고스다.

그는 로토파고스에서 로투스를 먹고 환각상태에 빠진 동료들을 아
주 어렵게 구해낸다. 로토파고스lotophagus는 연꽃을 먹는 사람들(Lotus
Eater)이란 뜻이다. 주민들은 자신들이 먹는 것을 일행에게 권했는데,
그것을 먹은 오디세우스의 동료들은 만사를 잊고 황홀경에 빠져 버
렸다. 이들이 먹고 정신줄을 놓은 것은 연꽃 또는 연밥과 모양이 비슷

* Ithaca 그리스 서해안 이오니아 제도에 있다.

한 최면 성분이 있는 식물의 일종이 아닌가 싶다.

포세이돈의 저주

그의 두 번째 모험에서는 십여 일이면 갈 수 있던 고향 이타카를 가기 위해 10년 동안 지중해를 떠돌아다닌 원인이 발생하고 말았다. 그들은 지금의 시칠리아해안에 상륙했다. 키클롭스Cyclopes의 하나인 폴리페모스Polyphemos가 양들을 몰고 나간 사이에 빈 동굴에 들어간 일행은 포세이돈의 아들인 외눈박이 거인이며 양치기인 폴리페모스의 동굴에 갇혀 버리고 만다. 오디세우스는 끼니마다 부하들을 잡아먹는 폴리페모스에게 남아있는 가죽 주머니 안의 와인을 먹인 다음 그의 눈을 찔렀다. 장님이 된 폴리페모스가 양을 손으로 만져서 확인한 후 동굴 밖으로 내 보낼 때, 양의 배 아래에 몸을 묶어 구사일생으로 동료들과 탈출했다. 그러나 눈이 먼 폴리페모스의 청으로 포세이돈은 오

Arnold Böcklin/오디세우스와 폴리페모스 출처 en.wikipedia.org

디세우스 일행을 고향으로 쉽게 돌아갈 수 없도록 저주를 내렸다.

　오디세우스는 집에 돌아가기 위해 항해를 시작한 이래 동료 부하들을 하나둘씩 전부 잃어가며 마지막까지 지중해 남쪽에서 헤맸다. 로토파고스가 튀니지 동쪽 바다에 있는 섬이며, 티탄족 아틀라스의 딸인 칼립소를 만나서 7년 동안 시간을 보낸 곳은 역시 제르바에서 멀지 않은 지중해 남쪽에 속한 오기기아 섬(몰타의 고조 섬)이다. 얼마나 두 지역이 가까운지, 알고 보면 고조 섬에서 그의 고향 이타카는 또 얼마나 멀까.

　오디세우스는 방종과 여성 편력을 신들의 농간이며 바다의 신 포세이돈의 저주라고 변명하며 10년 동안 누리고 산 것이다. 뛰어난 리더였던 그는 칼립소를 만날 때는 아이러니하게도 이미 동료들을 모

Arnold Böcklin/오디세우스와 칼립소　출처 en.wikipedia.org

두 잃어버린 뒤였다. 칼립소Calypso는 오디세우스에게 영원한 삶과 재물, 권력을 주겠다며 붙잡았지만 그를 보낼 수밖에 없었다. 제우스가 칼립소에게 오디세우스를 놓아주라는 명령을 했기 때문이다. 그는 그제야 칼립소에게 뗏목을 얻어 타고 지척에 있는 고향으로 돌아갈 수 있었다. 지혜롭고 호기심이 많으며 생각의 유연함은 있었으나 책임감과 진실함은 부족했던 인물이다. 칼립소와의 사이에는 아들도 두었다. 지혜와 언변, 지략과 용기, 인내를 갖춘 남자의 먼 조상이라고 치부하기엔 오디세우스는 철저하게 남성 중심 사회의 시각으로 미화되었거나 과대 포장되었다.

야자나무 사이로 무심한 어촌마을

드라굿과 무스타파 요새

튀르키예어로 Turgut Reis(1485~1565)로 부르는 Dragut은 오스만 튀르크에게 북아프리카의 해안선을 확장시켜 준 오스만의 제독이다. 동시에 북아프리카의 사략선 해적이었으며 지중해의 군주, 첫 번째 군주, 군주 중의 군주, 마지막 트리폴리의 파샤 등 존경심 담긴 여러 존칭을 가지고 있던 알제리의 bey였다.

그는 1485년 아나톨리아의 서민 가정에서 출생했다. 드라굿의 총명함을 눈여겨 본 지방 총독의 후원으로 이집트에서 교육을 받았으

무스타파 요새

드라굿

며 이집트 맘루크병으로 복무했다. 하이르 앗딘(?~1546)의 최고의 친구였던 그는 하이르 앗딘의 죽음으로 그의 뒤를 잇는다. 드라굿은 누구보다도 자비로운 성품의 소유자였으며 뛰어난 지략으로 아군과 적군 모두에게 찬탄을 받는 최고의 지휘관이었다. 그는 하이르 앗딘과 함께했던 프레베자 전투(1538)를 승리로 이끌어냈으며 피알리 파샤와 함께한 제르바 전투(1560년 5월 9일~14일)에서 몰타와 스페인, 제노바와 교황, 나폴리 등이 연합한 기독교 연합군의 선단을 무찔렀다. 이로써 오스만의 지중해 장악은 정점을 찍었다.

드라굿은 기독교 연합군을 죽이고 나온 6,000여 구의 해골을 무스타파요새 옆에 피라미드처럼 쌓았다. 전설적인 해골 타워는 오랫동안 드라굿을 기독교 국가의 적들에게 두려움을 일으키는 이미지로 심어놓기에 충분했다. 이 흉물스러운 탑은 300년이 조금 모자란 1846년 경 철거되었다. 이후 지중해는 1571년 레판토해전[*] 때까지 오스만이 장악한다.

드라굿은 몰타 공성전[**](1565)에서 고문관으로 총지휘관을 맡아 출전하였지만 주둔지였던 몰타의 슬리에마에서 전사하였다. 몰타의 슬리에마에서는 아직도 '잔인한 해적 드라굿'의 이야기가 전설처럼 들려온다.

• Lepanto 해전 : 지중해 패권을 두고 싸운 기독교 연합군과 오스만 튀르크와의 전투로 오스만 튀르크가 패한다.
•• 오스만 제국과 스페인, 성 요한 기사단의 전쟁, 기독교 세력이 이슬람 세력의 팽창을 저지시킨 전쟁

제르바 인상

휴양지 제르바의 풍경

요새안의 대포 알

무스타파 성 내부

훔 수크의 시장　　　　　　　　　　　　　　문어 요리

무스타파 성

드라굿과 영광을 같이한 무스타파 요새Ghazi Mustafa는 현재는 박물관으로 운영되며 El Kebir castle로 부른다. 요새는 14세기에 로마 시대의 성터 위에 세워졌다. 사각형의 성은 어떤 공격에도 이겨낼 수 있다는 의지로 뭉친 것처럼 단단하면서도 내부 구조는 꽤 복잡하다.

박물관에는 무게를 달리 한 대포알과 로마시절의 석상까지 세상 모르고 편안하게 앉아있다. 드라굿 라이스가 바쁜 걸음을 내디뎠을 요새의 계단을 오르면, 바라보이는 것은 야자나무 사이로 양쪽에 펼쳐진 무심한 어촌마을이다.

무스타파 요새에서 걸어서 갈만한 가까운 곳에 제르바의 중심지 홈 수크Homt Souk가 있다. 수크란 시장을 의미하는 말로, 한 때는 노획한 물건들로 넘쳤던 시장이 그대로 지역의 이름이 된 곳이다.

지구의
또 다른 행성

제르바에서 '로마둑길'을 따라 육지로 건너왔다. 무려 2000년의 시간을 함축하고 있는 길 이름이 정겹다. 아침 햇살이 찰랑거리는 코앞의 호수 같은 바다를 바라보며 낚싯대를 드리운 사람들도 보인다. 메드닌Mednine 쪽으로 가는 길은 끝이 없는 올리브 농원이다. 튀니지의 동전에 올리브나무가 새겨져 있을 정도로 예로부터 튀니지의 올리브는 유명하다. 로마제국 시절에 경작지는 더욱 확대되어 올리브는 곡물들과 함께 최고의 수출품목이었다. 로마에서 튀니지는 제국의 곡창지대 또는 제국의 빵 바구니 등으로 불리었다.

사계절 날이 서있는 사나운 햇살

마트마타

　마트마타Matmata가 가까워지니 식물들은 살지 못할 것 같은 건조하기 짝이 없는, 원추형 산세들이 나타나기 시작한다. 마트마타는 베르베르인들이 사는 마을로, 1967년까지 이 마을은 외부에 알려지지 않았다. 22일 동안의 집중적인 폭우가 쏟아진 1967년의 어느 날, 이

마트마타 가는 길

들이 사는 혈거 주택이 엄청난 비로 범람하여 많은 수의 주택이 붕괴되었다. 어쩔 수 없이 주민들은 관계당국에 도움을 요청하니 행정 대표가 이 지역으로 파견되었다. 땅을 파고 들어간 주택의 형태를 본 관리들은 적지 아니 놀랐다. 그 후 일부 주민은 북쪽의 신시가지로 이사했지만 대부분의 주민들은 지금도 이곳에서 생활을 계속하고 있다.

조지 루카스가 스타워즈 에피소드 4를 제작했던 시기가 1977년이니, 신문기사로 난 이토록 황량한 지형의 특별한 혈거 주택은 행성에 집착해 있던 루카스의 호기심을 자극하지 않았을까 싶다. 스타워즈 에피소드 4에서 혹성 타투윈에 있는 루크 스카이워커의 집으로 나왔

마트마타 호텔이 있는 풍경

마트마타 주민의 집

던 시디드리스 호텔은 마트마타의 혈거주택을 과장된 포장 없이 있는 그대로 촬영했다.

이곳 외에도 스타워즈의 촬영지는 타투윈의 크사르 올레드 술탄과 크사르 하다다, 토주르 근처의 쇼트엘제리드와 모스에스파 등이다. 영화에서 봤던 모습과 같은 공간에 놀랐다. 영화를 처음 봤을 때의 시간과 중첩되는 기묘한 경험은 짜릿할 정도로 생생하다. 그것이 인생 영화이거나 충격적인 영화라면 더욱 그렇다.

이 지역의 주민들은 양을 키우며, 올리브와 무화과, 대추야자 등을 재배하는 반유목민으로 살아간다. 최근에는 영어와 프랑스어를 잘하는 젊은이들은 여행 가이드 생활을 하기도 하며, 주민들은 찾아오는 관광객들에게 자신의 집을 약간의 보수를 받고 보여주거나, 생활용품을 전시한 작은 박물관을 운영하는 등 관광업에 종사한다.

처음에는 적을 피하거나 몸을 숨기기 위해 만들었던 설계가 나중에는 주거형태가 되었다.

영화 스타워즈 / 루크 스카이워커의 집

영화 스타워즈의 한 장면

마트마타의 빈집

집의 구조는 아주 간결하고 공간 배치도 합리적이다. 강수량이 적어 극도로 건조하고 나무가 없어 그늘도 없다. 산악 지형의 땅에 깊이 파 들어간 형태로 더위를 피하는 구조이다. 시간의 변화에 따라 적절한 그늘을 마련해 주는 공간배치이다. 원기둥 형태로 완성된 동굴 바닥의 가운데는 우물이 있는 마당이 되고, 집안의 다른 곳으로 통하는 중심이 된다. 밖과 연결된 동굴식의 긴 입구는 현관이 되는데 현관과 연결된 곳은 거실의 형태로 파 들어간다. 둥근형태의 벽을 동굴 형태로 파서 방을 만들면 안방, 그 옆에 방을 만들면 아이들 방, 한 아이가 커서 장가를 가면 맞은편에 굴 하나를 다시 장만하면 신혼 방이 된다. 방들은 통로를 통해 서로 연결되기도 하고, 사람의 노고에 따라서 집은 얼마든지 큰 규모로 확장이 가능하다. 깊이에 따라 2층과 3층까지도 나오는데 아래는 사람이 살고 위층은 주로 창고로 사용한다. 마지막으로 튀니지에 흔하고 흔한 올리브나무로 문을 만들어 달면 집 한채 완성이다.

마트마타 호텔/ 대학생 MT장면

약간의 돈을 받고 현지인이 보여준 집은 한낮에도 그늘이 드리워져 아늑하다. 흰색의 둥근 동굴방에는 올리브 나무로 만든 침대하나와 단지 몇 개가 전부이다. 50도를 넘나드는 여름날에는 에어컨이 돌아가는 튀니스의 아파트보다 이곳이 아늑하고 시원할 것 같다. 올리브나무로 만든 작은 문을 바라보며 의자에 앉았다. 책을 얹을 수 있는 작은 테이블하나 데려와 내 앞에 놓고 싶다.

타투윈

타투윈Tataouine의 뜻은 베르베르어로 'eyes' 또는 'water springs'라는 뜻이다. 사람이 거주하기에는 가혹한 지형에도 불구하고 인구밀도가 높았던 이 지역은 역사적으로 두즈, 토주르 등과 함께 남쪽 사하라를 횡단하는 대상로의 출발지였으며, 프랑스 점령 시절에는 프랑스군의 주둔 마을이었다. 타투윈 주변지역은 영화 스타워즈 시리즈의 전편에 자주 등장한다. 많은 이들이 스타워즈의 이야기를 찾아 그들의 자취를 애써 상상하러 먼 길을 돌아 찾아오는 곳이다.

이 부근에서 볼 수 있는 또 다른 주택형태는 크사르ksar이다. 크사르는 곡물창고로 사용하던 마을의 공동소유인 고르파Ghorfa가 모여 성채를 이룬 것이다. 상황에 따라 반달족 등의 적들을 피해, 높고 험한 곳에 고르파를 짓고 거주했다. 적들이 떠난 후, 주민들은 산에서 내려와 살게 되면서 산 위의 크사르는 버려졌다.

현재 남아있는 가장 오래된 크사르는 12세기에 만든 것으로 타투

크사르의 문

크사르하다다. 크사르는 계곡 아래 마을 사람들의 곡물창고로 활용되고 있다.

원 근처에는 아직도 크고 작은 120여 군데가 넘는 크사르가 남아있다. 그중 유명한 크사르는 Chenini, Douiret, Ksar Ouled Soltane, Ksar Hadada 등으로 지금도 계곡 아래 마을 사람들의 곡물창고로 사용하고 있다. 아치형의 둥근 문에는 하얀색 페인트로 아이라인을 그려 놓았다. 그렇게 생각하니 창고의 문이 밖을 바라보는 눈처럼 보이기도 한다. 크사르 입구의 낮은 아치는 사계절 날이 서있는 사나운 햇살을 피해 곡물들을 보호하기 위해서이다. 둥근 천장과 연속되는 자유로

쉬니니 크사르

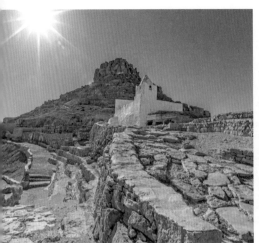

쉬니니 크사르　　　　　　　　　무너진 고르파

크사르하다다

운 아치가 리드미컬하다. 아도비*형식의 매력적인 형태는 누군가에게는 예술적 영감을 일으키는 모티브가 될 수 있겠다.

~~~~~~~~~~~~~~~~~~~~~~~~~~~~~~~~~~~~~~

뜨개질로 짜 내려온 패브릭처럼

사하라로 통하는 전진기지 중에 이토록 사람 냄새가 많이 나는 곳은 처음이다. 거친 사하라 대상(隊商)들의 땀 냄새가 듬뿍 배어있는 두즈**의 넓은 광장에서, 낙타를 타고 이곳에 막 도착해 며칠을 하릴없이 쉬어갈 사람처럼 이리저리 기웃거리며 뜨거운 일월의 태양을 만끽했다.

두즈에서 토주르Tozeur 까지 가는 길은 생각보다 멀다. 30킬로미터 밖에 있는 케빌리를 지나 쇼트엘제리드Chott el Djerid 소금호수를 지나야 한다. 거리상으로는 125킬로미터로 약 두 시간 거리인데, 어두워지는 호수의 횡단 길이는 가늠할 수가 없을 만큼 길게 느껴진다.

소금호수의 거친 숨결은 느끼지 못한 채로, 해는 떨어지고 소금호수를 지날 때쯤은 이미 어두워져 버렸다. 사하라와 이어진 야성적인 느낌의 쇼트엘제리드(소금 호수)를 충분히 봐야 했다면 사막의 대상처럼 두즈의 주막에서 느긋하게 즐겼던 시간을 재촉했어야만 했다. 엘제리드 소금 호수는 튀니지 남부의 소금 호수로, 좁은 국토에 바다였던 흔적이 넓게 남아있다. 그 길이는 250 킬로미터며 폭은 제일 넓

• adobe 점토나 흙벽돌로 지은 집
•• Douz 남부 튀니지 케빌리 주의 도시로 사하라 사막의 관문 도시

두즈

앨제리드 소금호수

은 곳이 20 킬로미터이다. 먼 옛날 바다였던 사하라의 염분이 남아있는 호수는 시간과 지역과 계절에 따라 흰색과 녹색, 보라 등의 색을 띠며, 우기에는 배를 탈 수도 있다고 한다. 섭씨 50도를 넘나드는 건조한 사막 기후인 여름의 한낮에는 당연히 호수의 물은 말라버리고 사람들의 눈에는 기이한 신기루가 자주 나타난다고 한다. 눈앞에 잡힐 것 같은, 신기루를 보면서 피곤한 몸으로 도시로 들어가던 사하라 대상들처럼 멋진 신기루를 보고 싶다면 불타는 여름에 쇼트엘제리드를 와야 할 것 같다.

토주르와 네프타

드디어 척박한 땅을 벗어나고, 엘제리드 호수의 북서쪽에 위치한 야자 숲이 우거진 오아시스 도시 토주르에 왔다. 튀니지는 넓지 않은 국토에도 불구하고 다양한 아름다움을 품고 있다. 사하라로 통하는 관문도시인 토주르와 네프타는 사막 지형이지만, 방대한 야자나무 숲이 있는 아름다운 오아시스에 둘러싸여 있는 보석 같은 도시다.

엘제리드 호수와 엘가르사 소금호수 사이에 있는 토주르와 네프타는 지형상 오아시스가 없었다면 남쪽과 북서쪽에 버티고 있는 척박한 소금호수와 다름없었을 것이다. 토주르의 옛 이름은 베르베르어의 '강하다'라는 의미에서 나온 투스로스Tusuros이다. 로마 시대에는 로마의 중요한 전초기지로 로마군의 주둔지였다. 알모하드 왕조 이후에 마그레브 동부 패권을 장악한 베르베르계 왕조인 하프스 왕조

(1229~1574) 때 발전한 도시다. 당시 토주르의 상인들과 장인들은 막강한 부를 바탕으로 자신들의 이익을 대변하기 위해 정부의 고위직에 임명되었다니, 도시가 얼마나 상업으로 번성했는지를 알 수 있다. 하프스 왕조의 전성기였던 14세기는 현재의 도시 형태가 갖추어진 시기이다. 토주르에는 오아시스만큼이나 중요한 공항이 있다. 도시가 속한 토주르 주는 알제리와 국경을 접하고 있다.

구시가지 메디나에는 상업이 발달한 부유한 도시답게 전통적인 작은 벽돌 문양으로 꾸민 건축물들이 많다. 특히 오우레드 엘 하데프 Ouled El Hwadef 가문이 살았던 메디나에 가면, 좁은 골목을 사이에 두고 흙으로 구운 벽돌을 이용하여 정교한 전통 문양으로 장식한 마을을 볼 수 있다. 좁은 골목과 높은 담은 사막의 모래바람과 외적의 침입을 막고 사하라의 햇빛을 피할 수 있는 방편이기도 했다.

이 지역은 로마시절에는 세밀하고 정교한 모자이크를 생산하던 장인들이 많은 곳이다. 모자이크는 튀니지 해안 건너편 로마로 이송되어 로마 제국 곳곳을 장식했다. 토주르 메디나의 골목길은 모자이크의 또 다른 표현이다. 유약을 사용한 타일조각 대신 구운 벽돌을 사용하고, 작업 면적은 한도 끝도 없이 너무 넓다는 점외에 다를 것이 없어 보였다. 모자이크 작업에 비하면 구운 벽돌을 붙이는 것은 이들에게는 별 어려움이 아니다.

로마와 비잔틴 제국 시절에 발달했던 모자이크는 기하학적인 이슬람문양과 융합하여 토주르와 네프타에 특별한 건축양식을 만들어냈다. 돋을새김 문양이 돋보이는 건물의 파사드는 마치 뜨개질로 짜 내

토주르 메디나

려온 패브릭처럼 보이기도 한다. 선물가게의 벽에 걸려있는 카펫의 단순한 문양과 별로 다를 게 없다. 예로부터 카펫은 은공예품, 대추야 자와 함께 이곳의 주요 수출품이었다. 지그재그식의 단순하고 기하 학적인 현대적인 느낌의 패턴이 노란 모래색의 벽돌을 만나 옛 골목 에 진한 생동감을 준다. 영화 잉글리시 페이션트에서 레이프 파인즈 가 생사를 무릅쓰고 찾아간 영국군 주둔지 장면은 바로 토주르 메디 나이다.

네프타 오아시스. 양치기들이 만든 마을로, 유목민들의 침입을 막기 위해 성채를 세웠다.

토주르의 왼쪽에 위치한 네프타Nefta는 처음에 양치기들이 만든 마을이다. 로마인들과 이후에 들어온 비잔틴 사람들은 사막 유목민들의 침범에 대비하기 위해 오아시스에 성채를 세웠으며, 수세기동안 토주르와 나란히 중요한 상업도시로 번영했다. 네프타 오아시스는 언덕 아래에 움푹 파인 곳에 위치해 현지에서는 오아시스의 모양을 따라 바구니로 부른다. 언뜻 보면 중국 밍사산의 월아천˙ 같기도 하고, 페루의 와카치나 오아시스˙˙를 닮았다. 비잔틴 시대에 네프타는 튀니지에서 중요한 주교구가 있었던 곳으로, 7세기 아랍의 침략 때는 격렬한 종교적 저항이 있었던 지역이다. 이슬람화가 된 후에도 크리스천 커뮤니티는 1194년까지 유지된 것으로 전해온다.

산악 오아시스

토주르에서 약 74킬로미터 알제리 국경 근처에는 아름다운 산악 오아시스들이 있다. 여름철 피서지로도 각광받는 쉐비카Chebika는 엘 네게브 산기슭에 해가 뜨는 동쪽을 향하여 뻗어있다. 아랍어로는 Qasr el-Shams(Castle of the Sun), 로마시대에는 Speculum이라고 불렀다고 하니 쉐비카는 '빛이 쏟아지는 계곡'이다. 깊은 야자 숲은 무성하고 햇살은 눈부시게 강하다. 예로부터 주민들이 위험에 닥쳤을 때 피난처로도 사용하는 곳이라고 한다. 풍화된 멋진 바위에서 떨어지는 물

• 중국 간쑤성 둔황시에 있는 초승달 모양의 호수, 크레센트호
•• Ica에 가면 나스카라인과 와카치나 오아시스를 만날 수 있다.

쉐비카 오아시스 가는 길

Chebika

줄기는 계곡을 따라 흐르는데 곳에 따라서는 샘이 솟기도 한다. 왕성하게 자라는 야자나무숲 사이로 떨어지는 대추야자를 흐르는 오아시스 물에 살짝 씻어먹는 맛은 잊을 수 없다.

스티븐 스필버그의 1981년 작, 레이더스(The Lost Ark)와 잉글리시 페이션트의 촬영지인 미데스Mides협곡은 오아시스의 물길에 따라 만들어진 S자형의 계곡이 장엄한 풍광을 만들어낸다. 서사적인 영상을 촬영하기에 최적의 장소다. 협곡의 옆에는 무너진 마을이 있는데 1960년대 말 22일간 내린 폭우로 주민들이 떠난 마을이다. 웅장한 협

Mides 협곡

타메르자 오아시스

곡의 물이 범람하여 넘치는 장면을 생각하니 아찔하다.

잉글리시 페이션트에서는 알마시가 비행기 사고로 중상을 입은 연인 캐더린을 안고 가면서 오열하는 장면을 찍었다. 영화에서 뽑은 아름다운 장면 중의 하나이다. 이들 중 가장 수려한 오아시스는 타메르자Tamerza이다. 맑은 물과 샘이 계단식 폭포를 이루며 흐르는데 아까운 물은 대부분 사막으로 흘러들어 간다. 최근에는 점차 물을 끌어들여 대추야자와 각종 농사를 짓는 데 사용하고 있다.

튀니지에서는 뭘 먹을까?

점심을 먹기 위해 들른 타메르자 오아시스 마을의 레스토랑 이름이 Restaurant du Soleil이다. 영어로 'Sun 레스토랑'이란 뜻이다.

사각형의 단순한 모양의 레스토랑은 안으로 들어가면 구조가 기능적이지만 간결하다. 아프리카 주택의 외부형태는 대부분 사각형의 단순하면서 소박한 형태이다. 안으로 들어가면 낮과 밤의 일교차가 큰 날씨에서 생활하기에 적합한 구조를 가지고 있다. 규모가 있는 주택은 마당에 녹색을 들여놓은 뜰을 갖추고 있다.

우리나라의 고추양념장과 비슷한 하리사Harissa와 닭고기 쿠스쿠스로 차린 소박한 점심을 먹었다. 후식으로 나온 갓 수확한 대추야자에 자꾸 손이 간다.

토주르는 카라반의 도시답게 여행자를 위한 편의시설이 많고, 긴 여행으로 지친 몸에 입맛을 되찾았던 곳이다. 이곳에 머무는 2박 3일

브릭(Brick)

마공 와인

양념 하리사

쿠스쿠스

동안 매일 찾아갔던 레스토랑 '어린 왕자'는 무엇을 주문하든 음식의 질과 서비스에 감동을 받는다. 튀니지의 대표 와인인 마공과 더불어 따뜻하고 섬세한 음식으로 위로를 받을 수 있는 곳이다. 단점이 있다면 저녁 오프닝 시간이 좀 늦다. 위가 꼬일 만큼 배가 고프지 않다면, 그래도 참고 기다려서 먹는 것이 좋다. 느긋한 저녁 만찬 후에는 야경이 예쁜 토주르의 하비브 부르기바 거리와 엘 파크스 모스크의 미나렛을 만날 수 있다.

튀니지는 바다를 끼고 있어 해산물 요리가 많다. 두툼한 돔 종류의

후식으로 나오는 대추야자   생선구이

어류도 한 마리 통째로 구워 나온다. 자주 접했던 브릭은 전통 음식 중에서 가장 입에 맞는 음식이다. 유럽의 영향을 받아서 한국 사람이 익숙한 스파게티나 스테이크 등의 서양요리는 쉽게 찾아볼 수 있다.

튀니스의 뒷골목에서 일 년은 살았던 것처럼, 시간만 나면 번잡한 호텔 앞을 발걸음도 가볍게 길을 건너 까르푸를 들락거렸다. 이슬람 국가인 튀니지에서 와인을 구입할 수 있는 곳이기 때문이다. 까르푸의 와인 진열장 앞에는 많은 남자들이 서성거리며 진을 치듯 서 있다. 외국인일 것 같지만 대부분 현지인들이다. 와인을 고르다가 레드와인 마공Magon을 집어 들었더니 옆에 서있던 한 남자가 엄지를 척 치켜든다. 알제리에서는 꿈도 못 꾸던 와인을 튀니지에 오니 자유롭게 구입할 수 있다는 게 행복했다. 와인 종주국인 프랑스 사람들도 좋아한다는 튀니지 와인은 마공 외에도 Ifrikia, Selian 등 종류도 많다.

튀니지에서 한 번쯤은 와인을 마셔봐야 한다. 페니키아인들은 지중해 나라에 와인의 제조법을 전해준 메신저이기 때문이다. 그들은 알파벳 문자를 전파했으며 인류의 음료인 와인 제조법을 전파시켰다. 페니키아만큼 인류에 공헌도가 큰 민족도 많지 않다. 와인은 역사적으로 오른쪽에는 카스피해, 왼쪽에는 흑해를 끼고 있는 코카서스 지역의 조지아와 아르메니아에서 시작되었다고 한다. 하지만 알코올 발효가 저절로 일어나는 와인의 출현은 포도가 있는 한, 인류의 출현으로 자연스럽게 시작되었을 것이다. 코카서스 지역을 중심으로 퍼져나간 와인은 인근 소아시아와 이집트 등으로 퍼져나갔다. 일찍이 해상무역으로 바다를 주름잡던 페니키아(레바논과 시리아 지역)인들에 의

해 그리스로 전해졌으며 그리스는 로마에, 제국을 이룬 로마는 변방에 배치된 군인들을 위해 속주에 포도나무를 심었다. 이후 와인 생산은 전 유럽으로 확대되었다.

즉 튀니지 와인 제조의 역사는 튀니지 해안에 기원전 1100년경 거점을 확보한 페니키아로부터 왔으며, 디도 여왕이 티레(레바논)에서 카르타지에 도착하여 나라를 건국(기원전 814년) 하기 전부터 있어왔던 그들의 음료다. 확인되지 않은 내용이지만, 기원전 2~3세기경 카르타지에 살았던 마공Magon이라는 학자가 와인 제조에 관해 집필한 책은 로마인들의 와인 제조법에 영향을 미쳤다고 한다. 마공이란 와인의 이름도 학자의 이름에서 왔다. 튀니지는 이슬람의 엄격한 관습에도 불구하고 와인 생산은 지금도 계속되며 그들은 이 땅에서 생산하는 맛 좋은 와인을 자랑스러워한다.

～～～～～～～～～～～～～～～～～～～～～～～～～～～～

상상으로 채우기

옹그제멜과 모스에스파

옹그제멜Ong Jemel은 토주르에서 약 47킬로미터 거리에 위치한다. 지도상으로 보이는 거리는 짧지만 사막지대로 길이 없어 네프타를 지나서 돌아가기 때문이다. 옹그제멜이 보이기 시작하니 영화《잉글리시 페이션트》에서 옹그제멜의 등에 앉아서 여인의 등을 닮은 언덕

을 그리고 있는 레이프 파인즈의 모습이 떠오른다. 옹그제멜 주변은
앤서니 밍겔라의 1996년 작 영화《잉글리시 페이션트》의 많은 장면
을 촬영한 곳이다. 소금사막이 변한 황무지는 영화의 살아있는 현장
감 그대로이다. 거대한 자연 위에 촬영을 하기 위해 설치한 것은 텐트
와 불을 피우기 위한 장작 정도다. 그 황량한 공간에 지도탐험가들이
타고 다닌 장난감처럼 생긴 1930, 40년대에 만든 날개가 두 개인 2인
승 비행기들이 날아다녔다. 옹그제멜 언덕 아래는 헝가리인 지도 제
작자 알마시(레이프 파인즈)와 영국 여인 캐더린(크리스틴 스콧 토머스)과 그
녀의 남편인 제프리(콜린 퍼스)를 비롯한 예닐곱 명이 둘러앉아 모닥불
을 피웠던 곳이다.

낙타목이란 뜻을 가지고 있는 옹그제멜은 멀리서 봐도, 가까이서
봐도 영락없이 앉아있는 낙타 모습이다. 옹그제멜 등에 올라가서 낙
타 목을 뒤에서 바라보면 사람의 뒷모습처럼 보이기도 한다. 오랜 시
간 암석화가 된 소금 언덕은 풍화로 이런 형상을 남겼다.

언덕을 넘어가면 스타워즈의 중요 촬영지 모스에스파Mos Espa가
있다.

조지 루카스는 이곳에 스타워즈를 위한 세트장을 만들었다. 다른
촬영지에 비해 이곳에서 많은 분량의 장면을 촬영했다. 스타워즈 팬
들에게는 가장 중요한 장소이다. 하지만 영화에서 봤던 화려한 세트
장은 사라지고 스타워즈를 상징하는 구조물 몇 개만 남아있다. 허전
한 마음은 상상으로 채우면 된다. 사륜구동 자동차를 타고 스릴을 체
험하는 언덕 한 개 외에는 찾아볼 것이 없는 황량한 벌판은 조지 루

'낙타목'이란 뜻을 지닌 옹그제멜

카스가 의도한 것처럼 행성에 와 있는 것 같다. 벌판에 남아있는 하얀 소금기는 소금호수를 행성답게 만들어 주는 최고의 데코레이션이다.

쓸쓸한 스타워즈 세트장 모스에스파

영화《잉글리시 페이션트》

영화는 앤서니 밍겔라 감독의 1996년 작이다. 레이프 파인즈Ralph Fiennes, 크리스틴 스콧 토머스Kristin Scott Thomas, 음악은 가브리엘 야레 Gabriel Yared가 맡았으며 2016년 재개봉했다.

영화 속에는 세 가닥의 사랑이 흐른다. 캐나다인 간호사 한나와 영국인이지만 주변인이었던 인도계 영국인 킵의 사랑과, 잉글리시 페이션트(알마시)의 회상에 등장하는 알마시와 캐더린의 사랑, 그리고 영화의 초반에 복선으로 깔린 기게스의 사랑이다. 영화는 현실의 수도원 장면과 알마시와 캐더린의 사막의 회상 장면을 교차시키면서 이끌어간다. 1944년 가을, 2차 세계대전의 막바지에서 줄리엣 비노쉬가 열연한 장면은 회상장면인 사하라의 압도적인 아름다움을 이끌어내는 장치이다. 사하라의 아름다움과 잔혹함은 이들의 사랑과 이별을 절절하게 만들어주는 배경이다. 영화를 생각할 때마다 붉은빛으로 살아나는 또 하나의 주인공이다.

그리고 헤로도토스의 이야기

영화의 전반부에서 캐더린은 헤로도토스의 책에 나오는 기게스 이야기를 들려둔다. 캐더린의 입을 빌려 들려주는 이야기를 요약하자면, 리디아의 칸다울레스왕은 그의 측근인 기게스에게 왕비의 아름

Jean Léon Gérôme/ Candaules 출처 en.wikipedia.org

다움을 자랑하면서 밤에 왕비의 방에 몰래 들어와 왕비가 옷 벗은 모습을 보라고 요구한다. 기게스는 재난이 닥치는 것이 두려워 거절하였다. 하지만 왕의 강요로 기게스는 밤에 왕의 침실에서 왕비가 옷을 벗는 모습을 문 뒤에 숨어서 보고 문 밖으로 나가다가 왕비에게 그만 들키고 만다. 다음날 아침 왕비는 분노와 모욕감에 왕을 죽이든지, 기게스가 죽든지 둘 중에 하나를 택하라고 명한다. 왕비와 공모하여 왕을 죽인 기게스는 그녀와 결혼해서 왕비와 왕국을 자신의 것으로 만들었다. 영화의 내용과는 상관없지만 이어지는 《역사》에 나오는 내용을 보자면, 리디아* 국민들은 칸다울레스의 갑작스러운 죽음에 분

• Lydia 최초의 금속 주화를 발명했다. 에게 해의 동쪽 끝, 현재 튀르키예 이즈미르 지역이다.

개하였지만 델포이의 신탁은 기게스가 리디아 왕이 되는 것을 인정
했다. 이로써 리디아는 헤라클레스가문(칸다울레스)에서 메름나드가문
(기게스)으로 권력이 이동한다. 어리석은 왕 칸다울레스는 헤라클레스
의 아들 알카이오스의 후예다. 메름나드가문의 창시자 기게스는 별
다른 과오 없이 리디아의 군주로 38년 동안 나라를 다스렸다. 이 이야
기는 그리스의 역사가인 헤로도토스(기원전 484~430 또는 420)가 쓴《역
사》의 제일 첫 장 리디아 편에 나온다. 기게스의 정의롭지 못한 쿠데
타를 정당화한 내용이지만, 다분히 여성의 육체를 관음의 대상으로
보는 남성 위주의 사고에서 나온 이야기이다. 알마시가 죽을 때까지
가지고 다니는 낡은 책《역사》는 알마시와 캐더린을 연결해 준다. 르
네상스 이후 칸다울레스왕과 기게스의 이야기는 화가들의 그림 소재
가 되어 관음 취미가 발달한 귀족들을 위하여 많이 그려졌다. 영화의
전편에 감초처럼 나타나는 주인공이 있으니 곧 헤로도토스의《역사》
이다.

"바람에 대한 얘기를 해줄게요", "모로코 남부에서는 아제지Aajej란 회
오리바람이 있는데 펠라힌 사람들은 그 바람을 칼로 막죠. 튀니스에는 기
블리Ghibli란 바람이 있죠. 그 바람은 구르고 또 굴러서 고약한 바람이 된
다더군요. 그리고 하르마탄Harmattan이라는 붉은 바람은 뱃사람들이 암흑
의 바다라 불렀죠. 바람에 불어오는 붉은 모래가 영국 남해안까지 날아가
어찌나 심하게 쏟아지는지 피처럼 보였대요."

"사이뭄Simoom이란 바람이 있는데 어떤 나라에서는 악마로 여겨 전쟁을 선포하고 출정했대요. 갑옷을 입고서, 칼을 높이 쳐들고."

탐험대가 동굴탐사에 성공하고 모래폭풍으로 차 안에 갇혔을 때 나눈 두 사람의 이야기이다. 내가 모르는 이야기를 이처럼 속삭이듯이 재미있게 해주는 남자가 있다니, 이야기를 해준 알마시보다 이런 글을 쓴 헤로도토스가 더 멋있어 보인다. 헤로도토스의《역사》는 재미있고 흥미진진하다. 하지만 이것만 읽고 있을 수가 없어 옆에 두고 필요할 때마다 찾아서 보는 책이다. 성경처럼 아직도 완독 하지 않았으니 이 부분이 어디쯤에서 나오는지 아직은 알 수가 없다. 극 중에서 알마시가 말하니 더욱 로맨틱해 보일 수도 있다. 헤로도토스는 이들을 이어주는 사랑의 메신저 역할을 톡톡히 한 셈이다. 다시 보아도 좋은 두 사람의 사랑이 싹트기 시작하는 장면이다. 헤로도토스의《역사》가 영화에 등장하는 것을 보고 헤로도토스의 책을 구입했다면 영화를 보는 내내 이 책에 얼마나 꽂혔는지 알 수 있다.

영화의 인트로에는 음악과 한 몸처럼, 바위에 붉은색의 채색안료로 수영을 하는 사람을 그리는 장면이 나온다. 서예로 글을 쓰는 것처럼 보이더니 이내 벽화 안의 고대인들은 춤을 추는 것처럼 헤엄을 친다. 영화의 내용에도 동굴 벽화인 '헤엄치는 사람들'을 캐더린이 복사한다. 그녀의 그림은 알마시가 죽을 때까지 그의 분신 같은 헤로도토스의《역사》책 안에 빼곡하게 들어 있었다.

붉은색의 벽화는 리비아와 가까운 이집트 사하라의 길프 케비르

고원의 동굴에서 발견한 암벽화이다. 붉은색은 산화철이 많이 포함된 사하라에서 구하기 쉬운 안료다. 서있는 사람도 있지만 수영하는 사람을 묘사한 암벽화는 이 곳에 고대인들이 살았을 때는 바다였거나 바다가 가까운 땅이었을 것이다. 사하라는 큰 바다였다. 베두윈족이 접근하기를 꺼렸던 이 동굴은 1933년 10월 헝가리 사람 라즐로 알마시가 발견했다. 알마시는 헝가리 사막 탐험가로 극 중 이름과 같은 라즐로 알마시 백작(1895~1951)의 모델이다. 그는 1차 세계대전에서 공군으로 복무했던 파일럿이며 사막을 탐험하던 경험으로 사막에 적합한 자동차를 만들기도 했다. 그는 1930년 초 길프 케비르 고원의 정상에서 오아시스를 발견하여 Zerzura Oasis라고 이름을 붙였다. 길프 케비르는 이집트 사하라 사막으로 리비아와의 접경 지역이다. 그는 동굴을 답사하고 지도를 그렸으며 동굴 안의 그림도 복사했다.

아랍인의 첫 도시,
카이르완Kairouan

　토주르에서 카이르완까지는 294킬로미터이다. 아침에 출발하여 반나절을 넘긴 오후 1시경 아랍인의 첫 도시인 카이르완에 도착했다. 작은 나라(그래도 남한의 넓이보다 넓다) 튀니지에서는 꽤 먼 거리이다.

　카이르완은 670년 당시 동쪽 시리아에 본거지를 둔 이슬람 왕조의 우크바Uqba ibn Nafi(622~683) 장군이 이끄는 아랍 군이 서쪽의 마그레브 땅에 와서 세운 첫 도시이다. 비잔틴 제국의 요새가 있던 자리에 만든 북아프리카에서 가장 오래된 이슬람 도시이다. 도시의 이름 카이르완은 무역상, 또는 숙소를 의미하는 'Caravan'에서 유래했다.

　역사가 이븐 할둔은 카이르완의 위치에 대해, 그의 저서 《역사서설》에서 이렇게 언급했다.

'아랍인들이 세운 건물은 빨리 붕괴된다. (…) 카이르완과 같은 도시를 아랍인들이 어떻게 건설했는지를 보면 알 수 있다. 그들이 이들 도시를 세울 때 원했던 것은 오로지 낙타에게 필요한 목초지, 사막이나 대상로와 근접성 뿐이었다. 이 도시들은 자연적 입지조건을 갖추지 못했고, 후일 도시민들을 부양할 자원을 결여하게 된 것이다.'

이븐 할둔은 카이르완이 강이나 호수, 오아시스 등의 물을 가두거나 끌어들이기 좋은 조건이 아니었던 것을 우회적으로 표현했다. 이 문제를 해결하기 위하여 카이르완은 수많은 물 저장고를 만들어 물 부족 문제를 해결했다. 지금도 당시에 만든 물 저장고의 일부가 도시 외곽에 남아있다.

카이르완은 9세기에 번영하여 11세기가 되면서 쇠락의 길로 접어들었다. 현재는 관광 도시로 그런대로 안정을 누리고 있으므로 이븐 할둔의 말은 반은 맞고 반은 틀리다.

카이르완을 본거지로 삼은 아랍 군은 서쪽으로 다시 서쪽으로, 모

도시 외곽에 있는
아글라비드 수조

로코의 대서양까지 이른다. 711년에는 베르베르족 출신 장군인 타리크 이븐 지야드Tariq ibn Ziyad와 7,000명의 베르베르족 병사들은 해협을 넘어 이베리아 반도의 서고트 왕국을 쉽게 점령했다. 이후 타리크 장군이 넘은 해협은 타리크의 언덕Jabal al Tariq으로 불리었으며 자발알타리크가 변해 지금은 지브롤터Gibraltar로 부른다. 카이르완을 거점으로 시작한 이슬람의 정복은 머지않은 시간에 이베리아 반도 거의 대부분을 장악했다.

카이르완을 일곱 번 순례하면 메카를 한 번 순례한 것과 같다는 도시는, 변방 도시의 장점을 갖춘 살기 좋은 지방 도시처럼 여유가 있어 보인다. 마그레브에서 아랍인의 침략으로 세운 북아프리카 이슬람의 첫 도시는, 11세기까지 마그레브의 정치와 학문, 경제, 종교의 중심지였다. 그 중심에 그레이트 모스크(시디 우크바 사원)가 있었다.

사막의 등대

그레이트 모스크 Great Mosque of Sidi-Uqba

그레이트 모스크는 세계 건축사의 걸작일 뿐 아니라 역사적으로도 의미가 깊은 북아프리카 이슬람 유적이다. 도시의 형성기였던 7세기에 처음 세워졌던 모스크는 9세기 아글라비드 왕조(800~909) 때 지금의 모습으로 크고 웅장하게 아바스 양식으로 재건축되었다.

세계 건축사의 걸작으로 꼽히는 북아프리카 유적인 그레이트 모스크

사원의 북서쪽 코너

긴 회랑이 있는 아케이드로 둘러싸인 직사각형의 안마당이 있는 구조의 3분의 1에 해당하는 기도실은 수없이 많은 기둥이 아치를 받치고 서 있다. 이러한 전형적인 아바스 양식은 초기 모스크 건축에 나타난다.

모스크에 들어가기도 전에 모스크를 둘러싼 두툼한 형태의 모래색 외벽에 놀라고, 벽보다 더 강해 보이는 버팀벽을 보면서 한 번 더 놀란다. 철저하게 배타적으로 보이는 모스크의 벽은 에너제틱하다고 해야 할까? 그야말로 1,200년 가까운 나이가 무색하게 원기 왕성해 보인다. 모스크 밖 북서쪽 방향에서 바라본 미나렛은 벽에서 솟아 나온 듯 수직으로 좁아지면서 올라가는 정사각형 모양의 엄청난 크기에도 불구하고 날렵해 보이기까지 한다. 세계에서 가장 오래된 미나렛 중의 하나인 높이 31.5미터의 미나렛은 도시의 랜드마크다. 미나렛의 역할은 알고 있는 것처럼 기도시간을 알리기 위해 만든 것이 아니었다. 멀리서도 모스크의 위치를 알 수 있도록 높이 세운 것이 처음 목적이었다. 시원한 비율의 3단으로 디자인한 미나렛, 당시에는 사막의 등대 역할을 했다.

서쪽 문을 통해 그레이트 모스크에 들어가면 가장 눈에 먼저 들어오는 것은 빛으로 가득한 세로 135미터, 가로 80미터의 약간 찌그러진 직사각형 형태의 아케이드에 둘러싸인 넓은 안마당이다. 안식일이 되면 사람들로 빼곡하게 들어 찰 포석이 깔린 안마당에는 해시계도 있으며 빗물을 저장하는 시설인 빗물받이 수조 임플루비움impluvium이 지하에 있다. 수조에 공기를 통하게 하는 시설도 안뜰 사방에 보인다.

아케이드로 둘러싸인 사원의 안뜰

동쪽 회랑

동쪽 회랑의 아치
너머로 보이는 안뜰

Prayer 홀

물 저장 시설은 강수량이 적은 지역이 많은 이슬람권에서는 필수조건이다.

모스크의 안마당을 포위하듯 둘러싼 회랑에는 아름다운 기둥들이 집합해 있다. 많은 기둥으로 지탱하고 있어 천재지변의 자연재해가 아닌 이상 모스크는 무너질 리 없어 보인다. 기둥은 색깔도 다르고 높이도 다르다. 두 개나 세 개의 짧은 기둥을 이어 올린 기둥도 있으며 매끈한 기둥이 대부분이지만 간혹 세로로 홈이 파인 기둥도 보인다. 기단 위에 세운 기둥도 있으며 기단의 높이마저 다르고, 바닥에 그대로 세운 기둥도 있다.

심지어는 키를 맞추기 위해 약 4~5센티미터 높이의 기둥을 사이에 끼어 넣은 것도 있다. 수백 개의 기둥은 말발굽형태의 아치를 떠 받치고 있는데, 때로는 기둥의 높이에 따라 아치의 길이도 다르다. 400여 개가 넘는 대리석과 화강암, 매우 귀한 자줏빛의 화성암으로 만들어진 기둥들은 코린트식이 제일 많으며 이오니아식도 보이고, 드물게 도리아식 기둥 양식도 찾아볼 수 있다.

이처럼 기둥이 많은 건축양식을 하이포스타일Hypostyle이라고 한다. 대표적인 다주식 건축물로 가장 오래된 것은 고대 이집트 신왕국 시기(기원전 1550~기원전 1077)의 건축물이 남아있는 룩소르의 카르낙 신전이다. 1500년 후의 프톨레마이오스 왕조(기원전 305~기원전 30) 때까지 이어진 카르낙 신전의 위용과 기둥의 우아함은 단연 세계 최고이다. 그레이트 모스크의 기둥과 아치가 결합된 하이포스타일은 후대의 모스크에 많은 영향을 주었다. 스페인 안달루시아 지방의 코르도

동쪽 회랑

회랑의 기둥

사원의 서쪽 입구

바˙ 메스키타의 Prayer 홀에서 만날 수 있는 경쾌하게 발전한 말굽형
아치와 결합된 기둥은 다주식 건축물의 극치이다.

9세기 당시 모습으로 남아있는 그레이트 모스크를 건설하는 데 사
용한 대부분의 재료들은 카르타지를 비롯한 고대 로마 시대에 번성

• Cordoba 8세기에서 13세기까지 이슬람 세계의 경제와 예술, 학문의 중심지였다.

했던 도시의 신전이나 공공건물 등에서 가져온 자재들을 사용했다.

도서관처럼 보이는 사무실 안 쪽을 들여다보니 코린트식 기둥이 아치를 받치고 있다. 쌓인 책들과 기둥들이 영화 속 장면처럼 잘 어울린다. 순간 모스크 안에 명성이 높은 대학이 있다는 생각을 떠올렸다. 문밖에 자전거 몇 대가 세워져 있는 것은 학생들의 것이었다. 공부하는 이들이 없어 다행이다.

이집트 룩소르의 카르낙 신전

코르도바 메스키타

모스크의 도서관

회랑의 기둥사이로 쳐들어온 북아프리카의 강력한 햇빛이 만들어
내는 역광과 그림자의 콘트라스트를 즐기며 한동안 사진을 찍었다.
다만 렌즈가 거부할 것 같은 치명적인 햇빛이다.

중세의 향기를 간직한 길모퉁이에서

카이르완 메디나

그레이트 모스크에서 입장권을 구입하면서 도시의 유적지들을 볼
수 있는 통합권을 구입했다. 이 넓은 메디나의 골목에 들어앉아 있을
많은 유적지들을 어디서부터 시작해서 봐야 하나, 지도를 보며 모스
크 밖 별채에 있는 세면장 구경을 하고 나오니 동네 가이드를 해 준다
는 아저씨가 말을 걸어온다. 카이르완의 비슷한 골목과 외관을 한 집
들 사이에서 지도를 들고 찾아다녔다면, 아마 절반도 못 봤을 것이다.
또 몸은 얼마나 피곤했을까. 때와 장소에 따라서, 동네 가이드와 적당
한 가격에 흥정을 한다면 짧은 시간에 많은 곳을 볼 수 있다.

Bir Barouta는 Uqba 장군의 병사 중 한 명이 모래에 묻혀있는 황금
잔을 우연히 발견한 자리에서 발견한 샘이라고 한다. 사막 한가운데
도시를 건설하고자 했던 우크바 장군은 우물의 발견으로 도시개발에
자신감을 얻었을 것 같다. 지금도 낙타가 우물을 퍼 올리는데 우물 옆

에서는 민트티를 팔고 있다. 낙타가 물을 길어 올린다는 것은, 수원이 매우 깊다는 의미이다.

쿠란에는 아브라함과 예수까지 포함해서 25명의 예언자가 있다고 한다. 이슬람 창시자인 무함마드를 제외하고 노아, 모세, 이삭, 야곱 등 전부 기독교 성경의 구약과 신약에 나오는 인물들이다. 마지막 예언자인 이슬람교의 창시자 무함마드의 먼 조상은 아브라함이다. 아브라함의 아들 이스마엘의 핏줄로 무함마드는 이어진다.

아브라함의 처 사라가 아이를 낳지 못하자 아브라함은 여종 하갈과의 사이에서 이스마엘을 낳았다. 하갈과 이스마엘은 사라에게 쫓겨나 아라비아의 메카에 정착했다. 어느 날 메카를 찾은 이들이 목이 말라 물을 찾는데 이스마엘이 서 있는 발 밑에서 물이 솟아올랐다고 한다. 이 샘물이 ZemZem 샘물이다. 이 기적을 믿는 무슬림들은 메카

Maison du Gouverneur 내부

를 순례할 때 이 샘물을 마시면서 속죄를 빈다.

　카이르완에서 우크바의 병사가 발견한 황금 잔은 오래전 메카에서
사라진 잔이라고 믿고 있다. 잔이 있었던 곳에서 발견한 샘물은 메카
의 성스러운 젬젬 샘물과 땅 아래로 연결이 되어있다고 인식했다. 비
르 바로우타로 카이르완은 메카와 메디나, 예루살렘 다음으로 여겨
지는 성지가 되었다. Bir Barouta는 도시의 기원과 그들이 원하는 도시
의 정체성을 확인시켜 주는 지물이다.

9세기때 만들어진 그레이트 모스크에서 18세기 주택으로 시간 이동을 했다. 메종 뒤 구베르뇌Maison du Gouverneur는 총독의 집이라는 뜻이다. 지금은 카펫 가게이기 때문에 조심해서 들어가야 했다. 볼 때마다 느끼는 것이지만, 이슬람 건축물들은 외부는 일반 서민 주택과 다를 바 없이 소박하고 담백하며 간결하다. 이 저택도 porch의 로마식 기둥을 제외하면 특별한 느낌이 없어 무심코 골목을 지나가다가 발견하기 어렵다. 18세기 부호들이나 권력가들이 살았던 주택으로는 규모가 작지만 높은 천장과 구석구석 보석처럼 꾸며진 실내 인테리어는 전시된 카펫이 눈에 들어오지 않을 정도로 아름답다. 따뜻한 느낌의 나무 조각과 차가운 느낌의 기둥이 북아프리카와 지중해의 문명처럼 잘 어울린다. 카르타지에서 공급된 로마식 기둥은 긴 시간이 흐르면서 이슬람 건축의 실내 인테리어에 멋지게 들어와 있다.

Mosque of the Three Doors

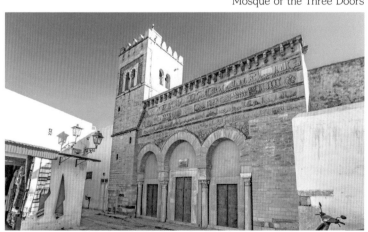

866년에 세워진 Mosque of the Three Doors는 이슬람 건축에서는 아주 중요한 곳이다. 모스크의 파사드에는 식물과 기하학 문양이 조각되어 있으며 안달루시아 사람 무함마드 이븐 하이룬 알 마파리의 기부로 모스크를 만들었다는 내용이 이슬람 세계의 필체 중 가장 오래된 서체로 새겨져 있다. 이베리아에 사는 사람의 기부로 작은 모스크를 만들었다는 것은 당시 이슬람 세계의 활발한 교류를 알 수 있는 대목이다. 3개의 아치는 안달루시아 양식이다. 1440년 미나렛이 추가되었다.

카이르완은 성벽도시이다. 약 4킬로미터에 이르는 성벽을 따라 여러 개의 성문이 있는데 모양과 이름이 전부 다르다. 아랍식 도시의 골목을 돌다 보면 또 다른 골목들과 마주치는 작은 광장에는 어김없이 가게가 나타난다. 가게는 사람을 부르는 곳이다. 마주치는 그들의 다정한 눈빛을 느끼고 싶어서일까, 나는 어김없이 그곳에서 물이나 과일 한 봉지라도 사야 한다. 메디나의 골목을 한참이나 쏘다녔던 터라 성 밖에 있는 이발사의 모스크를 가기 위해 택시를 타려고 했던 참이다. 그림처럼 나타난 아가씨에게 "택시는 어디에서 잡아야 하나요?" 하고 물었더니 방향만 가리켜 주면 될 일을, 가까운 성문까지 데려다 주고 심지어는 택시까지 잡아준다.

시간이 있다면 메디나 성문 밖에 있는 이발사의 모스크Mosque of the Barber와 아글라비드 수조에 가보길 권한다. 무함마드의 절친한 친구이며 전속 이발사였던 시디 사하브의 영묘가 있는 모스크는 13세기에 처음 세웠으며 17세기에 넓게 재건되었다. 타일로 꾸며진 벽화와

카이르완 메디나의 작은 광장 하우마

카이르완 메디나 골목

카이르완 메디나 성문

스투코 장식이 매우 아름답다. 더하여 아글라비드 수조는 카이르완 도시의 태생을 알 수 있는 곳이다.

이발사의 모스크

로마의 부유한
콜로니아

~~~~~~

평온하고 한적한 시골마을

엘젬 원형경기장

카이르완에서 엘젬까지는 약 71킬로미터이며 자동차로 1시간이
면 도착한다. 단지 원형 경기장Amphitheatre을 보기 위해 엘젬에 왔다.
이곳은 2000년 리들리 스콧 감독이 《글래디에이터》라는 영화를 찍
은 곳으로 더욱 유명해졌다. 튀니지 중동부 엘젬은 대부분의 로마 도
시들처럼 페니키아인들의 도시 위에 건설되었다. 부유한 도시 티스
드루스Thysdrus의 원형경기장은 238년 경 고르디우스 3세가 총독시절

세운 것으로 추정된다.

페니키아와 베르베르의 작은 마을이었던 곳에, 기원전 45년경 카이사르에 의해 퇴역군인들을 위한 Thysdrus(엘젬)라는 거주지가 만들어졌다. 이후 티스드루스는 로마제국 아프리카의 대표적인 도시로, 카르타지Carthage 다음으로 수스와 경쟁을 하는 부유한 도시로 발전했다.

당시는 오늘날보다 기후가 좋았으므로 2세기경 티스드루스는 올리브기름을 생산하고 수출하는 중심지로 번영했으며 주민들은 매우 부유했다. 경제적인 부를 바탕으로, 3세기 초에 완공된 대규모 원형극장은 로마의 콜로세움에 버금가는 위용으로, 약 30,000명 이상을 수용할 수 있었다.

238년에는 티스두르스의 부유한 젊은 지주들이 막시미누스 트락스 황제(재위 235~238)가 보낸 세금 징수자들을 죽이고 당시 아프리카 총독이었던 고르디아누스Gordianus I세 를 로마의 황제로 옹립했던 사건을 보면 경제적인 부를 바탕으로 정치적 영향력도 강했던 곳이다. 244년에 고르디아누스 1세의 손자인 고르디아누스 3세(재위 238~244)가 티스드루스를 로마의 콜로니아(colonia : 완전 시민권을 가진 정착지)라고 선포하기 이전에 이곳은 로마 본국의 곡식창고였을 뿐 자치권이 없던 식민지였다.

로마와 로마의 속주에 있는 원형경기장의 규모는 대체로 인구를 고려해서 만든다. 하지만 세계에서 세 번째로 크며, 약 삼만 오천 명까지 수용이 가능하다는 엘젬의 원형경기장은 그 당시의 인구수에

• Gordian ㅣ 3주동안 재위(238년 3월~4월)

엘젬 원형 경기장

엘젬 원형경기장의 회랑

엘젬 원형경기장 아레나

비해 더욱 크게 만들었다. 부유한 지주들이 살고 있는 시골의 원형경
기장을 거대하게 지은 것은 당시 황제도 옹립할 수 있는 마을이었으
니, 자신들의 부와 정치적 영향력을 과시하고자 했던 것이다.

　원형경기장의 한쪽 부분은 거의 폐허 수준이지만 입구와 3층 높이
의 전체적인 형태는 대체로 원형을 잘 보존하고 있다. 잘 다듬어진 돌
을 쌓아 만든 경기장의 돌은 아직도 매끈하다. 3층의 아케이드로 된
회랑이 둘러싸고 있는 직경 654미터인 타원형의 아레나(가운데 운동장)
는 더욱 온전하며 첨단 시스템, 예를 들면 통풍시설과 많은 사람들이
일시에 입장하거나 나갈 수 있는 출구, 지하실의 방과 우물, 동물들과
검투사들이 타고 올라오는 엘리베이터 시설까지 그대로 남아있다.

원형경기장 지하 시설

원형경기장은 도시의 중심으로 평화시에는 축제가 벌어진 장소였지만 전쟁이 일어나면 요새가 되었고, 반달족이나 아랍인이 침략했을 때는 주민들의 대피소였으며, 가끔은 공격하고 수비하는 전투의 현장이 되어 파괴를 거듭했다. 적들이 이 땅에 올 때마다 파괴의 대상이 되었으며, 때로는 주민들의 창고나 주택 등의 역할을 하면서 19세기 말까지 폐허화를 재촉했다. 특히 670년 동쪽의 아랍군이 점령했을 때는 대규모의 훼손이 이루어졌다. 가까운 곳에 그들의 첫 도시, 카이르완을 건설했기 때문이다. 그럼에도 불구하고 시골 벌판에 우뚝 솟아 있는 경기장은 보존 상태가 좋아 보였다.

이후 잊힌 한적한 시골에, 19세기 프랑스 식민시절에 원형경기장

주변에 사람들이 모여 살기 시작하면서 작은 마을이 만들어졌다. 사람들은 이 마을을 엘젬이라고 불렀다.

엘젬 모자이크 박물관

평온하고 한적한 시골마을이 수백 년간 북아프리카를 주름잡던 부유한 콜로니아였던 것을 보여주는 박물관이 있다. 원형극장에서 오른쪽 길을 따라가면 나오는 박물관은 부유한 지주의 저택이었거나 로마총독의 궁이었을 수도 있겠다. 그 후에도 영향력 있는 인물이 거주한 덕분에 지금까지 살아남은 건물로 보였다. 박물관 자체가 작품으로 당시 건축물의 구조를 보는 재미가 있다. 이 정도 온전하게 남아있는 것이 고맙지만, 앞 뜰에 넓게 펼쳐진 폐허에는 해체하여 가져간 것처럼 기둥하나 남아있는 것이 없다. 내부에는 주로 2세기에서 3세기 사이에 만들어진 어디에서도 볼 수 없는 온전한 상태의 로마시대 건축물을 장식했던 모자이크를 만날 수 있다. 튀니스 바르도 박물관의 축소판이다.

모자이크란, 자갈이나 흙벽돌, 대리석, 도자기, 유리, 종이 등의 조각을 촘촘히 붙여 표현하는 방법으로 인류가 생겨나면서부터 했던 작업이다. 최초로 발견된 것은 기원전 250년 메소포타미아 수메르 왕궁 기둥을 장식한 것이다.

그리스인들은 자갈을 이용하여 모자이크Pebble Mosaic를 표현했으며 북아프리카의 카르타지Carthage에서는 방수 목적을 위하여 모르타르를 이용한 모자이크를 개발했다. 방수를 목적으로 한 모자이크 바닥재는 로마에서 수입하여 공공시설, 특히 대형 욕장과 분수 등에 많이 사용했다. 북아프리카에서는 모자이크의 활용도가 높아져 건축을 장식하는 용도로 사용되었다.

2세기, 올리브 오일과 곡물, 이국적인 동물 등을 수출하였던 북아프리카는 갈수록 와인과 목 조각품, 세라믹 등 부가가치가 높은 상품

모자이크박물관 입구

모자이크박물관 복도

당나귀를 공격하는 호랑이, 2세기 중반

Lions devouring a boar 2C 중반

공작 문양

모자이크박물관

들을 수출하였다. 그중 가장 중요한 수출 품목은 마그레브만의 특별한 양식의 대형 모자이크와 세라믹이었다. 박물관에 있는 대부분의 작품들은 2세기에서 3세기 작품들로 도시가 가장 부유했던 시기의 작품들이다.

그들의 여왕 디히아Dyhya

동쪽에서 몰아닥친 이슬람군은 670년 카이르완을 만들고 본격적인 정복사업에 나선다. 698년 카르타지까지 점령했지만 베르베르 왕국의 여왕 디히아(디야)가 이끄는 베르베르 군은 여러 전투에서 승리하며 기세가 오른 아랍 군을 주춤거리게 했다. 703년 알제리 국경부근의 해안도시 타바르카Thabraca에서 베르베르 군의 저항에 잠시 리비아로 물러났던 아랍 군과 디히아 여왕이 이끄는 베르베르 군과의 전투가 벌어졌다. 전투는 아랍 군의 승리로 끝났으며 여왕 디히아에 의해 수년동안 지체되었던 서쪽으로의 정복 사업을 계속할 수 있게 되었다. 결국 아랍 군은 709년까지 마그레브를 정복할 수 있었다. 수 년동안 아랍 군의 치를 떨게 했던 디히아는 결국 그들에 의해 죽음을 맞이한다. 디히아 여왕의 죽음은 베르베르족의 민족의식을 싹트게 했다. 그들은 역사에 족적을 수없이 남길 만큼 더욱 용감해졌으며 그들고유의 언어와 문자를 지켜냈다. 지브롤터 해협을 넘은 병사도, 장군도 베르베르인이었다.

그녀는 7세기 당시 베르베르왕국의 여왕으로 독실한 기독교인이었다. 반달족의 침입으로 로마의 세력이 힘을 잃자 비잔틴 세력이 다시 자리를 잡았으니, 이미 수백 년간 로마화가 지속되었던 북아프리카의 주민들과 여왕은 자연스럽게 기독교를 받아들였다. 기독교인이었던 여왕의 이야기는 많이 전해지지 않는다. 그녀의 조국인 알제리나 튀니지의 깊은 고문서 서고에서나 찾을 수 있을까, 그녀를 왜곡하는 내용이 한 두 줄 있을 뿐, 일부를 제외한 후손들은 그녀의 이야기를 좋아하지 않거나 깊이 묻어두거나 그녀의 존재조차 알기를 꺼려하는 것처럼 느껴진다. 그녀의 다른 이름 '카히나'는 마술사나 무당을 지칭하는 단어로 어렵게 승리를 거머쥔 아랍군이 그녀를 비하해서 부른 카히나Kahina에서 나왔다.

690년경부터 시작된 아랍군과 여왕이 이끄는 베르메르 연합군과의 전투는 703년 타바르카 전투에서 끝났다. 이곳 엘젬에서의 전투는 아랍 군의 전초기지로 만들어진 도시 카이르완이 생긴 해가 670년이니 이미 발생했을 확률이 높다. 엘젬은 카이르완과 가깝기 때문이다. 많은 전투를 승리로 이끈 여왕은 원형 경기장을 외면하기가 쉽지 않았을 것이다. 공격을 쉽게 막아낼 수 있는 수비가 강점인 건축물이기 때문이다. 그녀는 엘젬에서 전투가 있기 전 들판의 올리브나무를 모조리 없애고 전투에 임했다고 한다. 당시 대세에 항전했던 그들의 여왕 이야기는, 이슬람을 믿는 그녀의 후손들에게는 목 안에 깊이 박혀 나오지 않는 작지 않은 가시일지도 모르겠다. 현지에서는 그녀를 민족의 영웅으로 여기는 민족주의자들이 있는가 하면, 여자가 이슬람의 물결을 수년간 막았다면서 그녀의 동상을 훼손하는 이슬람 극단

주의자들도 있다고 한다. 그녀는 7세기 끝자락에서 민족을 위해 끝까지 항전한 지도자였다. 태양과 올리브의 나라에 살았던 지혜로웠으며 용감한 한 여인을 만났다.

~~~~~~~~~~~~~~~~

먼 기억 속의 카르타고

튀니지는 카르타고이다. 전설처럼 먼 기억 속, 카르타고의 흔적과 디도 여왕, 그리고 한니발 바르카를 만날 수 있기를 바라면서 여행길에 올랐다.

튀니스에서 카르타지Carthage로 향하는 택시 안에서 나는 얼굴에서는 열이 나는 것 같았고 가슴은 뛰었다. 막연하지만 내게 히어로는 스키피오 아프리카누스가 아니라 궁극에는 패배한 한니발이었다. 그는 오랫동안 내 인격을 형성했던 숨어있는 하나의 세포처럼 문을 열고 내 머릿속에서 긴 호흡을 하고 있는 것 같았다.

기원전 29년 경, 포에니 전쟁이 끝나고 약 100년쯤 후에 카이사르와 아우구스투스는 포에니 전쟁 이후 철저히 유린했던 카르타지를 재건한다. 전략적으로 매우 중요한 위치였기 때문이다. 2세기에 카르타지는 로마와 알렉산드리아 다음으로 번영한 북아프리카 최대의 도시가 된다.

역사 위에 역사가 얹어지는 법, 다음의 역사가 남아있다는 것은 예전의 역사까지도 남아있는 경우가 많다. 하지만 카르타지에 로마제

안토니누스 욕장

국의 거대한 도시의 느낌은 어디에도 없다. 지금의 카르타지는 인적
이 드문, 한적하고 꽤 부유해 보이는 주택가일 뿐이다. 택시기사는
산뜻한 공기가 가득한 교외의 아늑한 주택가 옆, 안토니누스 목욕탕
Baths of Antoninus 앞에 내려준다. 지도에는 이곳에서 시작해서 비르사
언덕까지 연결이 되어있다.

완전한 폐허

안토니누스Antoninus 목욕탕은 관대하고 인자하며 온건한 황제로
피우스(경건한)란 칭호를 받은, 로마 5 현제 중 한 사람인 안토니누스
피우스(재위 138~161)가 건설한 카르타지에 있는 로마 욕장 유적지이
다. 바다와 닿아있는 대규모 로마 욕장은 이곳 말고는 아직 보지 못했

다. 욕장에 사용하는 물은 60킬로미터나 떨어진 Dorsale 산맥 기슭에 위치한 자그완에서 수로를 이용하여 카르타지 시내의 저수지로 가지고 왔다고 한다.

잘생긴 돌들은 다 어디 가고 로마 유적지답게 튼튼하고 두꺼운 벽돌 층과 아치, 넓은 바닥 위에 로마의 유적을 알리는 잘린 기둥 서너 개만이 바다를 바라보며 서 있다. 카르타지는 5세기 반달족의 침입으로 1차 파괴되었지만, 670년 마그레브에 들이닥친 아랍군은 도시를 만들기 위해 전국의 내로라하는 로마 도시 건축물에서 나온 수많은 기둥들과 반듯하게 다듬어진 돌을 카이르완과 튀니스 등에 공급했다. 이때 가장 많은 피해를 입은 것은 카르타지였다. 남아있는 것이 거의 없는 로마 황제의 사우나지만, 로마시대 배경의 영화나 역사책을 좀 봤던 사람이라면 바다를 바라보며 사우나를 즐겼을 그들의 유쾌함과 작은 소란스러움을 기억한다. 어젯밤에 내린 비로, 방수가 되는 바다 때문인지, 목욕탕에 고인 빗물이 바다와 연결된 것으로 보인다. 안토니우스 목욕탕 뒤로 로마인들의 주택가인 로만 빌리지가 넓게 퍼져 있다.

로만 빌리지는 무덤군과 바실리카, 가까이는 극장까지 생활하기에 최적의 조건이 갖추어진 주거지역이다. 창고에는 아직도 먼지가 쌓인 모자이크판들이 가득하다. 내팽개친 기둥들과 초석들, 튀니스의 바르도 박물관에 있는 로만 빌리지의 작품들을 보면 이곳이 얼마나 부유하고 문화와 생활 수준이 높았는지를 상상할 수 있다.

로만빌리지 유적

로만빌리지 창고의 모자이크

로만빌리지 유적

타니트 여신 모양의 부적이 있는 기념품

카르타지 거리

바다가 보이는 카르타지 극장

근처에 있는 원형 극장에 앉아있으니 뒤쪽으로 겸손하게 느껴지는 모스크의 미나렛이 보인다. 극장 좌석의 돌은 얼마나 많이 약탈해 갔는지 90퍼센트 이상은 새 돌이다. 극장의 입구에는 얼마 전에 있었던 힙합 콘서트의 포스터가 붙어있다.

이런 곳은 걸어서 다녀야 제맛이다. 나지막한 비르사 언덕을 올라가다 보면 앞에 둥근형태의 호수 같은 퓨닉(페니키아) 항구가 보인다. 이곳은 많은 배를 정박할 수 있는 구조인 군사항구로, 밖에서 보면 배를 정박해 놓은 모습이 보이지 않는다. 오른쪽에는 지중해는 물론 아프리카까지 다녔던 이들을 부유하게 해 준 무역항이 보인다. 항구 가까이에는 바알Baal-Hammon신의 아내인 타니트Tanit여신에게 바쳐진 토펫Topet이 있다. 토펫은 로마가 카르타고를 이야기할 때 야만의 상징처럼 이야기하는 어린이의 무덤이다. 살아있는 아이, 특히 장자長子를

카르타지 지도

산채로 여신에게 바쳤다고 주장하는 곳이다. 이곳에서 화장된 유해를 담은 수천 개의 단지들이 출토되었다.

페니키아의 공주 에우로파Europa

페니키아는 기원전부터 바다를 주름잡던 해상강국이다. 그들은 바다를 이용한 무역으로 부를 축적하였으며 그들이 개척한 해로는 다른 나라의 문화를 전파하는 메신저 역할을 했을 뿐 아니라, 다른 민족의 문화를 융합하여 자신들만의 독특한 문명을 만들어냈다. 성경에 나오는 가나안인들이 이들이다. 이들이 이집트와 메소포타미아 문자를 이용하여 장사를 하기 위해 만들어낸 간결한 페니키아 문자는 알파벳의 기원이 되었다.

그리스 신화에 의하면 제우스는 아들 헤르메스에게 시돈 땅에 가서 풀을 뜯고 있는 왕의 소 떼를 해변으로 내 몰으라는 지시를 한다. 말이 떨어지기가 무섭게 시돈의 소떼들은 헤르메스에게 쫓겨 해변 쪽으로 내달렸다. 해변과 가까운 풀밭에는 에우로파와 친구들이 어울려 놀고 있었다. 소떼에 섞여 흰 소로 둔갑한 제우스는 에우로파에게 접근했다.

윤기가 나는 털을 가진 흰 소의 부드러운 눈빛에 에우로파는 그만 반해버렸다. 풀밭에서 반나절을 놀면서 에우로파와 흰 소는 매우 가까워졌다. 그러다가 에우로파는 소의 잔등에 올라탔다. 흰 황소가 서서히 바다로 걸어가니 에우로파는 덜컥 겁이 났다. 기회를 포착한 제

Rembrandt/Abduction of Europa 출처 en.wikipedia.org.jpg

우스는 에우로파를 태우고 빠르게 달리기 시작했다. 에우로파는 고향의 해변과 풀밭이 멀어지는 것을 바라볼 수밖에 없었다. 얼마나 달렸을까, 온 땅을 헤매고 다니다가 제우스는 자신이 성장했던 크레타섬에 그녀를 내려놓았다. 에우로파는 황소의 정체를 이미 알고 난 후였다. 제우스가 에우로파를 등에 태우고 다녔던 땅은 에우로파(유럽)라고 불렸다.

에우로파는 페니키아의 왕 아게노르의 딸로 헤로도토스에 의하면 기원전 2000년 경 사람으로 추정한다. 아게노르는 아들 카드모스와 칼릭스를 보내 에우로파를 찾아다녔다. 에우로파를 찾기 전에는 돌아오지 말라고 한 아버지의 말에 카드모스는 아버지의 진노를 피하는 방법을 찾고자 아폴론의 신탁 전에 찾아가 신의 생각을 물었다. 신탁은 고삐에 매인 적인 없는 암소를 만나거든 그 소를 따라가 성을 쌓고 그곳에서 정착하라는 신탁을 내렸다. 카드모스는 암소가 주저앉은 땅 테베(아테네 북서쪽, 보이오티아 동부)에 정착하였다. 카드모스는 그 땅에서 마르스와 비너스를 부모로 둔 하르모니아와 결혼을 한다. 아게노르의 또 다른 아들 칼릭스가 정착한 땅은 칼리키아라고 불렀다. 에우로파는 제우스와의 사이에서 크레타 왕 미노스와 키클라데스의 왕 라다만투스, 리키아의 사르페돈를 낳았다. 그녀는 나중에 크레타 왕의 아내가 된다. 유럽문화의 모태인 그리스 문명은 메소포타미아와 이집트의 직접적인 영향을 받았으며, 유럽과 지중해 문화의 가까운 기저에는 페니키아 문명이 깔려있다고 볼 수 있다.

디도 여왕과 아이네이아스

기원전 814년 카르타고를 건국한 사람은 디도 여왕이다. 디도 여왕은 성경에 등장하는 바알신을 섬기는 페니키아인의 나라 티레(현재 레바논)에서 이주하여 카르타지Cartage를 건국했다.

엘리사라고도 부르는 디도공주는 오빠인 티레의 왕 피그말리온(조각가 피그말리온이 아님)과 함께 왕권을 물려받았다. 하지만 오빠 피그말리온은 부유한 디도 공주 남편의 재산을 빼앗기 위해 사제였던 공주의 남편을 죽인다. 디도는 남편의 재산을 정리하여 추종자들을 데리고 도망쳐 키프로스를 거쳐 북아프리카의 튀니지 해안에 도착한다.

베르베르족의 통치자에게 소가죽으로 덮을만큼의 땅을 주겠다는 약속을 얻어낸 디도는 소가죽을 가늘게 잘라 최대한 넓게 언덕을 에워쌌다. 디도 공주가 소가죽으로 에워싼 카르타지의 궁이 있었던 언덕을 지금도 소가죽이란 뜻의 비르사Byrsa라고 부른다. 디도는 이곳을 '새로운 도시'라는 뜻의 '카르트 하다쉬트'라고 지었는데 바로 카르타지Cartage이다. 카르타지는 해상무역으로 점차 번영하여 강한 군사력까지 갖추자, 커져가는 로마에게는 눈엣가시였다. 처음에는 조약을 맺어 서로 공존하는 듯하더니, 급기야는 시칠리아를 둘러싼 다툼으로 한 세기가 넘도록 기나긴 포에니 전쟁(기원전 264~기원전 146)이 시작되었다. 고대의 세계적 전쟁으로 기록된다.

카르타고와 로마의 악연을 로마의 시인 베르길리우스(기원전 70~기원전 19)는 《아이네이스Aeneid》에서 신들의 뜻이라고 이야기한다.

로마인들이 그들의 조상이라고 말하는 아이네이아스Aneas는 트로이 전쟁에 나오는 영웅으로 여신 아프로디테의 아들이다. 트로이 전쟁에서 패한 그는 어렵게 탈출하여 북아프리카 해안에 도착한다. 그는 카르타고의 여왕 디도와 사랑에 빠진 나머지 대업을 잊어버렸지만 제우스는 헤르메스를 보내 이탈리아로 향하도록 부추긴다. 사랑했지만, 목표(나라의 건국)를 위해 디도를 뿌리치고 떠나가는 남자 아이네이아스는 또 다른 모습의 오디세우스다. 트로이인들과 함께 떠나는 남자의 마지막 흔들림을 기대했을까, 여왕 디도는 장작더미 위에서 자신의 몸을 찌르고 불태운다.

아이네이아스는 7년의 유랑을 끝내고 이탈리아에 상륙하여 그곳의 왕 라티누스의 딸 라비니아와 결혼하여 라비니움Lavinium을 세우고 로마 건국 시조가 되었다. 그의 후손인 로물루스는 카피톨리노 언덕에 로마를 세웠다.

베르길리우스가 말한 카르타고와 로마의 악연은 아이네이아스와 디도여왕의 비극으로 끝난 것이 아니다. 수 백 년 후 일어난 기나긴 전쟁은 진정한 악연의 끝판왕이었다.

제1차 포에니 전쟁(기원전 264~기원전 241)은 한니발의 아버지인 하밀카르 바르카Hamilcar Barca(기원전 270년 경~기원전 228년)가 출정했다. 시칠리아의 내전을 해결해 준 카르타지는 로마군의 반격을 받았다. 승리

Guérin Énée/ 디도여왕에게 트로이 전쟁 이야기를 하는 아이네이아스
출처 en.wikipedia.org

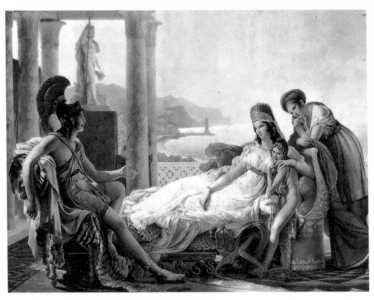

2005년 튀니지 지폐 디도(엘리사) 여왕 출처 en.wikipedia.org

한 로마는 최초의 해외 속주인 시칠리아를 갖게 된다. 2차 포에니 전쟁(기원전 218~기원전 202년)은 한니발 전쟁이라고도 한다. 성장하는 카르타고에 재차 선전포고를 한 로마, 한니발 바르카(기원전 247~기원전 183~181)는 4만 명의 용병과 코끼리 부대를 이끌고 피레네와 알프스 산맥을 넘었다. 그는 로마 북부를 공격하여 15년 동안 이탈리아 반도 대부분을 점령했다. 한니발의 전술이 빛났던 전쟁이다. 하지만 한니발의 전략을 연구하여 역으로 바다를 건너 본국 카르타고를 침공한 스키피오 아프리카누스(기원전 236~기원전 183)와 동맹을 맺은 누미디아 왕국의 공격을 받고 패한다. 역사상 가장 위대한 전략가였던 한니발은 기원전 183년경, 당시 소아시아 북부 흑해에 있던 비타니아Bithynia에 머물 때 비타니아왕이 한니발을 로마에 넘기기로 한 것을 알고 독약을 먹고 죽는다.

3차 포에니 전쟁(기원전 149~기원전 146년)은 한니발이 죽고 37년 후, 3년

한니발과 코끼리 Carthage 동전의 앞과 뒤, quarter shekel,
기원전 237~기원전 209 페니키아 Spain에서 제조 추정 출처 en.wikipedia.org

간의 농성전 끝에 카르타고는 함락되고 기원전 146년 카르타고는 멸
망한다. 로마는 제국으로 성장하는데 최고의 적수였던 카르타고를
멸망시키고 그 땅에 소금을 뿌려 풀 한포기도 자라지 못하게 했다. 로
마에서 땅에 소금을 뿌린다는 건 '신의 저주'를 의미했다.

　전쟁 전 카르타고의 인구는 25만 명이었으나, 전쟁 후에는 5만 명도
채 되지 않았다. 힘없는 노인이나 어린이와 부녀자들만 살아 남았다.
그리고 그 땅의 이름을 아프리카라고 불렀다. 카르타지의 멸망으로 지
중해는 로마의 내해가 되었으며 로마가 도시국가에서 제국으로 나가
는 발판이 되었다. 이후 카르타지는 카이사르와 아우구스투스 황제 시
절 도시를 재건했다. 439년에는 반달족이 침입하여 카르타지에 반달
왕국을 세웠고 534년에는 비잔틴 제국에 통합되었다.

튀니지의 심장,
튀니스

튀니스에서 만나는 로마

바르도 뮤지엄

튀니스에서의 시간이 하루나 반나절밖에 없는 누군가에게 꼭 봐야 할 것을 추천한다면 바로 바르도 뮤지엄Bardo National Museum이다. 방대한 자료도 놀랍지만, 무엇보다도 북아프리카의 바르도 박물관에만 있는 놀라운 수준의 모자이크들이다. 본국이었던 로마나 바티칸 박물관에도 없으며, 세계 유수의 엄청난 규모의 루브르나 대영박물관처럼 식민지에서 가져온 제국 박물관과는 다른, 오직 이곳에서만 볼

바르도 박물관 전시실

바르도 박물관

Ceremonial dressing of a lady 5C 카르타지

수 있는 것들이기 때문이다. 로마시대 부유했던 콜로니아의 모습을 충분히 감상할 수 있는 곳이다. 박물관은 15세기 하프시드Hafsid 왕조 (1229~1574) 시절 교외에 위치한 궁전을 개조했다. 3층으로 된 박물관 은 최근 리모델링을 해서 외관은 현대적이지만 내부는 15세기 튀니 지의 건축미를 엿볼 수 있다.

이곳은 2015년 3월 18일, 3명의 무장괴한에게 21명의 인질들이 살 해되었던 곳이기도 하다. 살해당한 인질들은 대부분 여행객들이다. 그 때문인지 박물관은 입구부터 삼삼오오 무장경찰들이 보인다. 안 에는 당시의 총탄자국이 그대로 남아있다.

각 방마다 'Carthage Room'이나 'Virgile Room'처럼 지역 혹은 특 별한 사람이나 시대의 이름이 붙어 있는데 방의 이름을 보고 들어가 는 것도 유물을 이해하는데 도움이 된다. 사진도 자유롭게 찍은 수 있 으며 다른 박물관처럼 많은 제재를 하지 않는다. 카르타지 방은 도시 전체가 카이르완과 튀니스 등 이슬람도시를 만드는 데 제공된 탓으 로 기둥이나 신전을 장식한 석재들은 거의 없지만 로만 빌리지의 신 전을 장식한 우아한 신상이나, 황제의 상 등이 남아서 박물관의 큰 방 을 채우고 있다. 이집트의 이시스˚ 여신이 카르타지에서 숭배되었다 는 것이 흥미로웠다. 밀알을 들고 있는 세레스 여신의 손가락은 한국 의 금동미륵보살반가사유상이 생각날 만큼 부드러운 굴곡이 살아있 다. 풍부한 표현이 절정에 달한 모자이크 표현기법은 로마가 기독교를

• Isis 오시리스의 아내, 생명의 원천이자 풍요의 여신, 그리스 로마는 물론 지중해 전역에서 숭배되었다.

이시스   ceres

270 Tunisia

바르도박물관/카르타지 방

세례반 6C 캡본

받아들이면서 사실상 퇴보한다. 주제가 극히 제한적이었기 때문이다. 장례 전을 장식한 모자이크들과 우아한 세례반을 보면 어떤 식으로 모자이크가 기독교인들의 생활 속으로 파고들었는지 알 수 있다.

튀니지 정치 1번지, 메디나와 하비브 부르기바 거리

메디니 입구에 있는 영묘Mausoleum부터 길목에 있는 1616년 지은 오스만 스타일의 모스크인 Youssef Dey 모스크의 미나렛을 보면서 옆길로 들어서면 복잡한 메디나 골목이 시작된다. 유세프 데이 모스크 주변에 있는 El Berka 시장은 전통적으로 이슬람 해적에게 잡혀온 기독교 노예들이 팔리던 노예시장이었다. 북아프리카인 들은 해적질을 기업적으로 하는 몰타기사단(로도스 기사단)과 기독교 사략선 해적들에게 붙잡혀 기독교인들의 나라에 노예로 팔리고, 그 반대로 북아프리

유스프데이 모스크

카를 본거지로 삼은 사략선 해적들은 기독교인들을 잡아다가 노예로 팔았다. 그야말로 이곳은 북아프리카에서 가장 많은 돈이 움직이는 곳 중의 한 곳이었다.

좋은 향기가 나는 쪽을 따라가면 메디나의 유명한 엘 아타린 향수 시장이다. 질 좋은 허브 향 한 개 구입해서 가방에 넣어두면 여행 내내 향기로 행복해진다.

메디나의 대표적인 사원으로 카이르완의 그레이트 모스크와 비슷한 시기와 구조로 건축된 모스크인, 732년 세워지고 9세기에 개축한 자이투나 모스크는 비무슬림은 들어갈 수가 없다. 메디나를 빠져나오면 프랑스문을 앞에 두고 왼쪽에는 1662년부터 2004년까지 영사일을 했다고 하는 팻말이 붙어있는 옛 영국영사관 건물이 위치한다. 구석구석 자세히 보면 아주 예쁜 건물이다. 지금은 카페로 영업 중인데 파란색 문 옆 테이블에 앉았다. 푸른 문에 새겨진 문양을 바라보며 튀니지안처럼 아라빅 커피 한 잔 할 수 있는 곳이다.

1월임에도 분수가 나오는 빅토리 광장 옆, 작은 광장 앞에 둔중하면서도 간결한 모양의 Bab Bhar, 일명 프랑스 문이 보인다. 도심의 독특한 랜드마크이다. 인디펜던스 광장에서 클락 타워까지 이어지는 일직선으로 곧게 뻗은 아름다운 거리는 파리의 샹젤리제를 닮은 '하비브 부르기바' 거리이다. 튀니지를 상징하는 거리에 초대 대통령의 이름을 붙였다. 하비브 부르기바(1903~2000)는 튀니지의 독립 영웅이며, 독립한 튀니지의 초대 대통령이다. 긍정적인 세속주의를 지향하며 튀니지를 누구나 평등한 국가의 모습으로 개혁하였다. 이슬람 국

Bab Bhar(일명 프랑스 문)

하비브 부르기바 거리

구 영국영사관 건물

가임에도 불구하고 여성의 지위가 낮지 않은 것은 많은 부분 하비브 부르기바 덕이다.

그러나 권력에 집착하여 장기간 집권하는 독재자의 모습을 보이기도 하였다. 튀르키예의 초대 대통령인 케말 파샤와 비교되는 정치인이다.

바르도 박물관에서 봤던 무장 경찰들의 모습이 부르기바 거리에는 가득하다. 경찰차는 거리공원을 따라 천천히 순찰하고, 지나는 청년들을 검문하는 경찰들의 눈빛에는 긴장감이 있다. 지금 나는 튀니지의 정치 1번지에 와 있는 것이다. 다행히도 관광 국가의 경찰답게 외국인들에게는 관대한 눈빛이다.

1882년 프랑스에서 세운 성 빈센트 드 폴 교회 맞은편에는 14세기 하프스 왕조시대의 사람으로 역사학자요 사상가였던 이븐 할둔(1332~1406)의 동상이 있다. 그는 튀니지는 물론 이집트와 안달루시아, 모로코 등에서 활동하였으며 그의 저서 《역사서설》은 당시 경제 사회상을 세밀하게 분야별로 조명한 책으로, 헤로도토스의 《역사》에 뒤지지 않는 명저이다. 우리나라에도 번역이 되어 나와 있는데 그저 고마울 따름이다.

오늘은 1월 20일, 시립 극장Theatre Municipal 앞에는 정치 집회가 한창이다. 아르누보 스타일의 극장의 모습을 보려고 해도 진입도 못할뿐더러 운집한 사람들로 윗부분만 보이고 아래쪽은 보이지 않는다. 극장 앞을 집회의 연단으로 사용하고 있었다. 극장 앞의 거리공원에는 정치적인 이슈를 놓고 전시를 하고 있을 뿐만 아니라 서명도 받고 있다. 별일이 아닌 일상적인 분위기라고 하기에는 거리의 분위기가 너무 진지하다. 하지만 정치는 정치일 뿐, 지나가는 튀니지안들의 친근함은 긴장감을 달아나게 한다. 다음날 이른 아침의 튀니지 공항, 비행기를 타기 전 게이트에서 본 뉴스에는 튀니지에서 시위가 일어났다고 보도한다. 다행히도 작은 시위였다. 튀니지는 다른 이슬람국가들과는 달리 종교의 자유와 여성의 인권을 보장하는 것을 법으로 규정한 나라다. 기나긴 몸살을 앓으면서도 긍정적인 진보의 발걸음을 내딛는 그들의 자유가 훼손되는 사건은 일어나지 않기를 바란다.

역사가 이븐 할둔과 성 빈센트 드 폴 교회

블루앤화이트

시디부사이드

엘젬을 다녀오니 살짝 늦은 오후가 되었다. 튀니스 교외로 가는 기차인 TGM을 타고 시디부사이드Sidi Bou Said를 갈 계획이었다. 서두른다면 시디부사이드에 가서 일몰을 보고 돌아올 수 있는 시간이다. 호텔 앞에서 택시를 타니 마을 언덕 기슭에 내려준다. 튀니스 북쪽 20킬로미터 지점에 있는 시디부사이드는 언덕 위에서 지중해를 바라보고 있는 아름다운 마을로 유명하다. 소설가 앙드레 지드가 자주 찾았던 곳이며 아름다운 마을에 반해, 파울 클레(1879~1940), 귀스타브 앙리 조소(1866~1951), 요절한 독일 화가 아우구스트 마케(1887~1914) 등의 작가들이 모여들었던 곳이다.

Bou Said(1156~1231)는 튀니지의 이슬람 대학자이다. 당시 이곳 이름이었던 Jabal el-Menar에 성소를 짓고 여생을 보내다가 1231년 그 곳에 묻혔다. 이후 그의 묘를 순례하기 위해 많은 사람들이 찾으면서 사람들이 마을을 이루기 시작했다. 18세기 이후 길이 만들어지고, 1909년에서 1921년 사이에 귀족과 부호들의 별장이 많이 들어섰다. 프랑스 화가이자 음악학자인 루돌프 데를랑게르Rodolphe d'Erlanger(1872~1932)는 튀니지 건축가에게 의뢰해 1909년에서 1921년 사이에 궁전을 지었고, 파란색과 흰색을 대비시켜 장식했다. 블루와

시디부사이드 언덕

화이트를 상징하는 시디부사이드 풍광의 출발점이다. 현재 그의 집은 지중해 아랍 음악센터가 되었다.

한 나라를 등에 업은 가해국의 주민들이, 너무나 쉽게, 때로는 무상으로 경치 좋고 살기 좋은 남의 땅에 와서 현지인들을 값싸게 하인처럼 부리면서 지병을 치료하거나, 영감을 얻거나, 여생을 보내거나 하는 것을 보면, 화가 치밀어온다. 그 사람이 파울 클레이거나, 시몬 드 보부아르이거나, 앙드레 지드라 할지라도 말이다. 비록 내 나라는 아니지만 마음속에서는 용납이 안 된다. 아름다운 루돌프 데를랑게르의 집도 반갑게 받아들일 수 없는 수탈자의 얼룩이다.

메인 도로 옆을 관찰하면서 걷다 보면 정원이 예쁜 작은 박물관과 카페, 레스토랑 등이 있다. 앙드레 지드가 자주 들렀다는 카페 데 나트는 내부에 돗자리(natte)가 깔려 있는 아랍식 카페로 입구의 안달루시

시디부사이드 언덕

카페 데 나트

아풍의 말굽 아치가 눈길을 끈다. 카페를 옆에 끼고 오른쪽으로 접어 들면 그 유명한 밤발루니(커다란 둥근 도넛) 가게다. 갓 튀겨낸 도넛을 설탕에 바로 굴려 주는데, 언덕을 올라갈 때 한 개, 내려올 때 한 개, 맛보다는 재미로 사 먹게 된다. 길을 따라 올라가면 굳이 찾아다니지 않아도 지중해와 이미 하나인 마을 시디부사이드의 모습만으로도 마음이 벅차다. 알제에서 살았던 장 그르니에*는 가끔 이곳을 찾아왔나보다. 그의 글에서 시디부사이드가 등장한 것을 두 번이나 봤다.

'시디 부 사이드의 꽃핀 테라스들은 죽음에의 끊임없는 권유와 같은 것이다.'

— 장 그르니에《섬》

하얀 벽을 타고 내려온 1월의 부겐베리아는 아무리 봐도 매혹적이다. 한 때는 샹송의 무대로도 유명한, 많은 명사들의 흔적이 남아있는 언덕 끝에 있는 카페 샤반느, 지금은 카페 데 델리스Cafe Delices로 이름을 바꾸었다. 사람들은 옛 영화와 그들의 흔적을 찾아 들어온다. 카페 언덕 아래는 요트들이 정박해 있는 항구와 오른쪽으로 해수욕장이 보인다. 바가지요금만 조심한다면, 푸른색 의자에 앉아 해가 지는 지중해를 바라보는 낭만을 즐길 수 있는 곳이다.

* Jean Grenier(1898~1971) 프랑스의 철학자, 알베르 카뮈의 스승

카페 데 델리스

시디부사이드의 주택

튀니지안 블루

튀니지에서는 어딜 가든지 흰색의 벽, 밝은 푸른색의 대문과 발코
니, 그리고 '푸른 대문'을 닮은 튀니지의 하늘과 지중해 바다를 마주
한다. 7세기 이후 비슷한 시기에 이슬람화가 되었던, 같은 문화권인
알제리나 모로코와는 사뭇 다른 풍경이다.

푸른색은 이슬람권에서 신성시하는 색이지만 일반인들보다는 모
스크에서 주로 사용한다. 그러니 모스크보다 생활 속에서 더 많이 사
용하는 튀니지안 블루가 이슬람의 영향 때문만은 아닌 것이다. 게다
가 이슬람 모스크의 돔이나 벽을 장식하는 파란색은 간혹 밝은 파랑
도 있지만 값비싼 코발트나 라피스라줄리˚에서 추출한 코발트블루나

시디부사이드   바르도 박물관

울트라마린 같은 진한 파란색이 다수를 차지한다. 하지만 튀니지의
일반적인 주택의 대문이나 발코니 등에 칠해진 파란색은 deepskyblue
와 dodgerblue에 가까운 밝은 파란색이다.

　수천 년 전부터 살아왔던 베르베르족과 페니키아, 로마와 반달족,
그리고 비잔틴, 7세기에 들어온 아랍 족까지 섞여 튀니지인 만이 가
지고 있는 정체성이 만들어졌다. 그들이 사는 주택의 문에는 그들의
역사가 담겨있다. 중국 남부의 어느 소수민족은 화려한 옷에 그들의
역사를 새겨 넣듯이 튀니지안들은 누구나 드나드는 그들의 대문에
수천 년의 역사를 검은색 둥근못을 박아 그려 놓았다. 대문의 색깔은

• lapis lazuli(청금석)에서 군청색을 추출한다.

튀니스

카페의 테이블

타메르자의 주택

갈색 대문

검정색 대문

다양하지만 파란 색이 많은 편이다. 밝은 파란색의 문은 검은색의 문양을 돋보이게 한다. 대문 색이 명도가 낮은 진하고 강한 파란색이었다면 못에는 흰색을 칠해야 했을 것이다. 페니키아 선조들이 숭배했던 타니트 여신과, 유대인들을 상징하는 다윗의 별도 있고, 기독교의 상징인 십자가와 물고기 문양, 베르베르족의 상징과 식물 문양 등이 먼 옛날부터 이 땅에 살았던 조상들을 기리는 것처럼 자랑스럽게 푸른 대문에 문신처럼 새겨 넣었다.

시디부사이드

지중해 블루Blue
모로코 알제리 튀니지

초판 1쇄 인쇄 2023년 5월 25일
초판 1쇄 발행 2023년 6월 22일

지은이   그루
펴낸이   황윤억
편집   김순미 김현숙 황인재 길기철
디자인   오필민 디자인
경영지원 박진주
발행처   인문공간/(주)에이치링크
등록   2020년 4월 20일(제2020-000078호)
주소   서울 서초구 남부순환로 333길 36(해원빌딩 4층)
전화   마케팅 02) 6120-0259 편집 02) 6120-0258 | 팩스 02) 6120-0257

값은 뒤표지에 있습니다. ISBN 979-11-971735-6-1 03930

글 사진 ⓒ 그루 허귀련, 2023

본 도서는 카카오임팩트의 출간 지원금을 받아 만들어졌습니다.

열린 독자가 인문공간 책을 만듭니다. 독자 여러분의 의견에 언제나 귀를 열고 있습니다.
전자우편 gold4271@naver.com   영문명: HAA(Human After All)